Jean-Pierre Robert
Évelyne Rosen
Claus Reinhardt

Faire classe en FLE

Une approche actionnelle et pragmatique

FRANÇAIS LANGUE ÉTRANGÈRE
www.hachettefle.fr

Collection F
Dirigée par Gérard Vigner

• Titres parus ou à paraître

La collection F s'adresse aux enseignants et aux formateurs de FLE. Elle articule pratiques de terrain et réflexion théorique pour aider les enseignants à faire face à la variété des situations d'enseignement et à rechercher des solutions pédagogiques pertinentes.

Enseigner le français aux migrants, N. Gloaguen-Vernet
Apprendre et enseigner avec le multimédia, N. Hirschprung
Les certifications et outils d'évaluation en FLE, B. Sampsonis, F. Noël-Jothy
Élaborer un cours de FLE, J. Courtillon
Enseigner la prononciation du français, B. Lauret
L'enseignement en classe bilingue, J. Duverger, édition revue et corrigée
L'évaluation en FLE, C. Veltcheff, S. Hilton
La grammaire en FLE, G. Vigner
Le français sur objectif spécifique, J.-M. Mangiante, C. Parpette, édition revue et corrigée
Manières d'apprendre, J.-M. Robert

Hors-série

L'enseignement des langues étrangères, L. Porcher
Professeur de FLE, F. Barthélemy

• Sur le site www.hachettefle.fr

➤ Recevez la lettre d'information F « Didactique » deux fois par an, en vous inscrivant sur le site
➤ Consultez le résumé et le sommaire des titres

Collection Pratiques de classe

Elle s'adresse aux enseignants et aux formateurs de FLE, débutants ou confirmés. Elle propose des démarches et des activités qui sont le résultat de l'expérience d'enseignants de FLE.

De la vidéo à Internet : 80 activités thématiques, T. Lancien
Exercices systématiques de prononciation française, M. Léon
Jouer, communiquer, apprendre, F. Weiss
Photos-expressions, F. Yaiche
Techniques dramatiques, A. Cormanski

Édition : Christine Delormeau

Conception graphique et couverture : Amarante, Barbara Caudrelier

Réalisation : MÉDIAMAX

ISBN 978-2-01-155739-1

Sommaire

Crédits photographiques :
Shutterstock :
p. 103 © Crisan Rosu
p. 104 (visio) © Rui Vale de Sousa
p. 104 (adolescents) © Monkey Business Images
p. 104 (moto, scooter) © Adriano Castelli
p. 107 © AISPIX

Introduction

Tous les enseignants, y compris ceux de (Français) Langue Étrangère, connaissent le célèbre triangle didactique[1] qui illustre toute situation d'enseignement et met en évidence les multiples interactions entre l'enseignant, l'élève et le savoir :

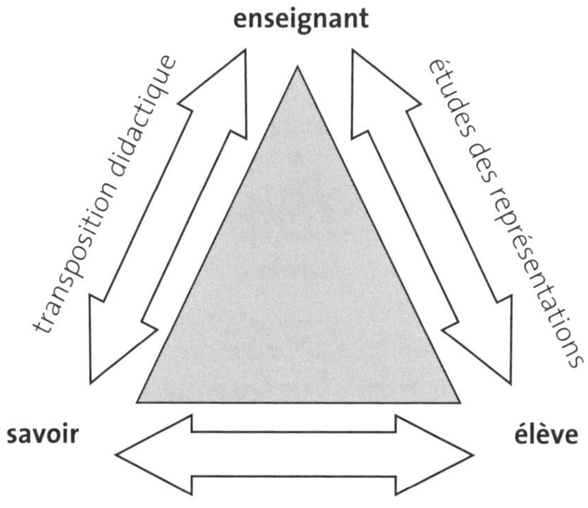

L'exploitation de ce triangle a donné lieu à plus d'études théoriques que pratiques. Le présent ouvrage a donc pour premier objectif de combler ce vide : il se présente comme un authentique traité de pédagogie contemporaine qui allie étroitement théorie et pratiques de classe et répond aux interrogations des personnels enseignants dans leurs activités quotidiennes.

1. Nombreuses sont les représentations schématisées du triangle didactique. Celle-ci est visible sur le site : *forum.reunion.free.fr*

Il s'adresse ainsi :
– aux professeurs qui trouveront ici la réponse aux questions qu'ils peuvent se poser, sur leurs conduites de classe et sur la pertinence de leurs choix actuels en didactique ;
– aux responsables en charge de la formation initiale et/ou continue à l'heure où la didactique des langues étrangères est en proie à une véritable mutation depuis la parution du *Cadre européen commun de référence pour les langues* (*CECR*) en 2001 ;
– aux étudiants qui s'interrogent sur leur future profession et qui n'ont pas toujours reçu de réponses précises et pratiques à leurs interrogations.

Il se décline en huit parties indépendantes – mais complémentaires – qui détaillent, tour à tour, chacune des multiples interactions mises en lumière par le triangle didactique et qui répondent à des questions souvent éludées en formation :

Partie 1. Les apprenants : Qui sont-ils ?
Partie 2. Enseignant(s) : Qui êtes-vous ?
Partie 3. Comment organiser un cours ? Que faut-il entendre par projet d'apprentissage, projet d'enseignement et projets pédagogiques ?
Partie 4. Quels contenus enseigner ?
Partie 5. Quelle approche choisir ?
Partie 6. Le management de la classe : comment gérer les comportements ?
Partie 7. Le management de la classe : comment gérer les tâches et les activités ?
Partie 8. Comment évaluer les acquisitions ?

Tels sont les enjeux du présent ouvrage qui n'a finalement qu'un objectif unique : fournir à l'enseignant des approches à la fois pragmatiques et directement applicables en classe, fondées sur les théories didactiques actuelles. D'où cette perspective complémentaire : faire du professeur de Français Langue Étrangère d'aujourd'hui et de demain, un authentique enseignant réflexif. C'est, autrement dit, un enseignant capable de réfléchir sur ses pratiques de classe et de les remettre si besoin en question, d'alimenter sa réflexion par un travail collégial, d'amener ses élèves, à partir de la langue enseignée, à une prise de conscience interculturelle, premier pas vers la tolérance et la construction d'une personnalité européenne, voire mondiale.

1

Les apprenants : Qui sont-ils ?

1. Première approche : les différentes facettes de la notion d'apprenant

« Qui sont ces apprenants[1] avec qui je vais partager un projet d'enseignement ? » Telle est la première question qui vient à l'esprit d'un enseignant de FLE qui entre pour la première fois en contact avec un nouveau groupe d'élèves ou d'étudiants. Et pour les connaître, il leur fait remplir un questionnaire.

Derrière le mot générique d'*apprenants* se cachent des publics hétérogènes, ce qui explique que l'on privilégie le plus souvent le pluriel sur

1. « Le mot *apprenant*, ignoré des dictionnaires généraux de langue française, est un néologisme créé sur *apprendre* (du latin populaire *apprendere*, issu du latin classique *apprehendere* : « prendre, saisir » (*Dictionnaire Gaffiot*). D'origine québécoise, il désigne toute personne en *situation d'apprentissage*, terme qu'on peut définir comme : « le déroulement opérationnel de la situation pédagogique pendant laquelle le sujet se situe dans un cheminement conduisant à l'atteinte d'objectifs » (Legendre R., *Dictionnaire actuel de l'éducation*, Paris, Eska, 1993). L'utilisation de ce mot offre un double avantage. D'abord, du fait de sa connotation générique, il permet de désigner tous les publics quel que soit leur âge. En effet, il serait par exemple difficile d'appeler « élèves » les publics adultes qui étudient une langue. Ensuite, contrairement à *enseigné* qui présuppose, de par son origine de participe passé, un rôle passif, le terme, par son suffixe en « -ant », laisse entendre un rôle actif. Effectivement, l'apprenant n'est pas seulement un élève qui emmagasine passivement des connaissances, c'est un individu qui participe activement à son apprentissage, qui en devient *l'acteur* parce qu'il s'est fixé des objectifs personnels à réaliser. » (Robert J.-P., *Dictionnaire* pratique *de didactique du FLE*, Paris, Ophrys, 2008, p. 10). Dans le présent ouvrage, ce sont principalement les apprenants des niveaux A1 et A2 qui seront visés.

le singulier comme le fait le *CECR*[2]. En effet, un apprenant en FLE peut être un écolier, un collégien, un lycéen ou un adulte.

Tous ces publics, dans leur diversité, apprennent, en général, dans une institution publique ou privée. Ils forment un groupe-classe homogène ou non, plus ou moins important, de débutants complets ou de faux débutants.

Ils partagent un certain nombre de caractéristiques : ils ont une identité, une personnalité qui leur est propre. Ils ont des connaissances acquises dans leurs milieux respectifs, à la maison et à l'école, et sont dotés de compétences générales individuelles plus ou moins étendues[3]. Ils ont une représentation de la France et des Français qui leur est personnelle. Ils ont des besoins communicatifs, qui peuvent être spécifiques mais sont peu ou prou motivés pour apprendre le français. Ils ont à leur disposition un certain nombre de ressources en termes de manuels et de matériel audiovisuel.

Ce constat achevé, quelle peut être l'ambition terminale de l'enseignant de FLE pour ses élèves/étudiants ?

2. Connaître ses apprenants grâce à un questionnaire

Le questionnaire proposé aux apprenants – généralement en langue maternelle – lors de la première séance se limite en général à un formulaire d'identité (nom, prénom, adresse, âge, langues pratiquées, voire profession, s'il s'agit d'adultes). Un professeur qui veut réellement connaître son public pour focaliser les contenus de son enseignement

2. Le *Cadre commun de référence pour les langues : apprendre, enseigner, évaluer* ou plus simplement *le Cadre* est un outil de référence en matière d'enseignement des langues vivantes en Europe publié sous l'égide de la Division des Politiques Linguistiques du Conseil de l'Europe. Paru en 2001, le Cadre a pour vocation d'« *outiller* tous les Européens face aux défis représentés par l'intensification de la mobilité internationale, le renforcement de la coopération dans tous les domaines (éducation, culture, science, commerce, industrie), de *promouvoir* la compréhension et la tolérance mutuelles, le respect des identités et de la diversité culturelle par une coopération plus efficace, de *répondre* aux besoins d'une Europe multilingue et multiculturelle en développant sensiblement la capacité des Européens à communiquer entre eux par-delà les frontières linguistiques et culturelles. » (*CECR*, § 1.2)
« Conformément à l'approche communicative à qui l'on doit la notion d'*apprenant*, le Cadre privilégie ce terme sur ceux d'*élève* et d'*étudiant*. C'est ainsi qu'il emploie 290 fois apprenant(s), 65 fois au singulier, 225 au pluriel. » (Robert J.-P. & Rosen É., *Dictionnaire* pratique *du CECR*, Paris, Ophrys, 2010, p. 8).

3. R. Porquier met en valeur la richesse de ces « trajectoires d'apprentissage(s) de langues », de ces parcours divers au caractère non linéaire et composite (« Trajectoires d'apprentissage(s) des langues : diversité et multiplicité des parcours », *ÉLA*, n° 98, 1995).

sur ses attentes doit prévoir une grille complète et précise qui l'informe sur la personnalité de chaque apprenant. Une grille, comme celle-là, destinée à de grands adolescents ou à des adultes, doit avoir plusieurs composantes telles que :

- l'identité,
- les goûts en matière de :
  - lecture (*Aimez-vous la lecture ? Vous lisez plutôt des livres ou des magazines ? Combien de livres, de magazines lisez-vous par an ? Quelles lectures préférez-vous ? Des romans, des biographies, des histoires vécues, des livres d'histoire, de géographie, des contes, des B.D., des mangas ?*) ;
  - cinéma (*Allez-vous souvent au cinéma ? Combien de fois par mois ? Quels sont vos films préférés ? Citez des titres...*) ;
  - théâtre (*Allez-vous souvent au théâtre ? Combien de fois par an ?...*) ;
  - télévision (*Combien de temps par semaine passez-vous devant le téléviseur ? Quelles sont vos émissions préférées ?...*) ;
  - radio (*Vous écoutez la radio ? Où ? À quelle occasion ?...*) ;
  - sport (*Quel(s) sport(s) pratiquez-vous ? Vous préférez les sports d'équipes ou les sports individuels ? Qu'est-ce que le « tour de France », « le Grand Prix de Monaco » ? Regardez-vous le sport à la télévision...*) ;
  - vie associative (*Faites-vous partie d'un club, d'une association ?*) ;
  - jeux électroniques (*Possédez-vous une console ? Quels jeux sont vos jeux préférés ? Combien de temps par semaine passez-vous à jouer ?...*).
- les intérêts concernant les grands problèmes actuels comme l'alphabétisation, la faim dans le monde, la propreté de la planète...
- l'histoire et la géographie de la France (*Quelle est la capitale de la France ? Comment s'appelle son président actuel ? Pouvez-vous citer le nom d'un ou de plusieurs roi(s) de France ?...*)
- les Français(es) célèbres (*Quel(le)s Français(es) célèbres connaissez-vous en politique, dans le domaine de la médecine, du cinéma, du sport ?...*) ;
- les contacts avec le français et les Français ;
- les motivations (*Pourquoi voulez-vous étudier le français ? Pour acquérir un diplôme ? Pour travailler dans un pays francophone ? Parce que le français est une langue internationale ? Parce que c'est une belle langue ?...*) ;
- le matériel personnel (*Avez-vous un ordinateur personnel, des CD, des DVD en français ?...*) ;

Chaque composante fait l'objet de subdivisions détaillées. Par exemple, pour la composante « Contacts avec le français et les Français » :

– *Avez-vous déjà étudié le français ? Si oui, quand ?*

– *Dans votre famille, dans votre entourage (amis, collègues), qui parle français ?*

– Êtes-vous allé(e) en France ? Dans un pays francophone ? Si oui, combien de fois, quand ? À quelle occasion ? Combien de temps a duré votre séjour ?
– Avez-vous rencontré un(e) ou des Français(es) dans votre pays ? Si oui, à quelle occasion et où ? Dans la rue ? Au restaurant ? Dans un hôtel ? Sur un site touristique ? Combien de fois ? Ils vous ont semblé sympathiques ? Aimables ? Indifférents ? Antipathiques ? Pourquoi ?
– Avez-vous vu des films français ? Ils étaient traduits ou en version originale ? S'ils étaient en version originale et sous-titrés, quels mots et/ou quelles phrases avez-vous retenus ?
– Quels mots simples emploie-t-on en français pour saluer quelqu'un ? Pour prendre congé de lui ?

L'élaboration d'une telle grille et le fait de la remplir avec soin sont des préalables indispensables à la mise en route d'un cours réussi. En effet, elle conditionne les contenus du cours et la future relation enseignant-enseignés. Aux yeux des tenants des approches contemporaines, l'acteur le plus important du processus d'apprentissage n'est pas l'enseignant mais l'enseigné, et c'est sur lui, sur ses besoins, sur ses aspirations, ses motivations, en un mot sur sa personnalité, que se fondent le cours et l'attitude de l'enseignant. Celui-ci n'est plus le dispensateur de connaissances, il est le trait d'union entre une langue qu'il possède et des apprenants qui cherchent à se l'approprier. En conséquence, il est impératif que les contenus du cours prennent en compte non seulement l'expérience de l'apprenant en matière de langue et de culture françaises mais surtout sa personnalité, y compris ses goûts et ses centres d'intérêt.

Le dépouillement de telles grilles fournit alors de précieuses informations à l'enseignant, qui parvient ainsi à cerner trois grandes variables : l'état des connaissances en français de ses apprenants, leur vision du monde souvent dépendante de leurs possibilités matérielles (en matière de multimédia et notamment d'Internet) et leurs intérêts. Quelle exploitation en faire ?

Deux grandes voies sont tracées pour l'enseignant :

a. Mieux comprendre son public

Par exemple, savoir qu'en Chine la majorité des apprenants n'a qu'un accès limité à Internet et est adhérente aux Jeunesses communistes permet à l'enseignant français de mieux cerner leurs connaissances, leur vision du monde et de comprendre leurs réactions comme le montre ce dialogue entre un enseignant français (P1) et ses apprenants (A) enregistré lors d'une simulation sur la voiture du futur[4] :

4. Rosen É., *Apprendre une langue en communiquant... Interlangue et communication exolingue/endolingue en contexte*, Lille, Atelier National de Reproduction des thèses, 2005.

1. P1 : vous dites + la voiture est publique + qui achète cette voiture + qui la met dans la rue + qui la propose à tous les gens ?
2. AX : mais c'est l'État !
3. A4 : mais à ce moment-là tout est public !
4. P1 : c'est l'État communiste qui permet d'avoir tout ++ \
5. AXs : \ oui *rires*
6. P1 : donc l'État communiste est très riche ?
7. AXs : oui.
8. AX : tout le monde est riche.

b. Adapter ses cours en fonction des réponses

Un enseignant peut, par exemple, dans un cours de débutants complets, à l'occasion de l'étude de la notion d'identité, utiliser les noms et prénoms d'athlètes français s'il a un public majoritairement passionné par les sports, ou ceux d'acteurs si le public a exprimé un vif intérêt pour le monde du spectacle, comme dans l'exemple suivant.

Fenêtre sur cours 1[5] : Adapter ses cours en fonction des réponses aux questionnaires – le monde du spectacle

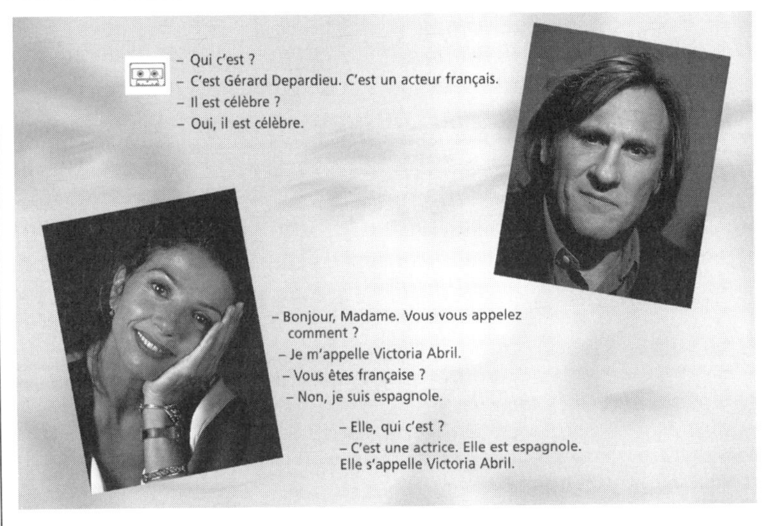

Capelle G. & Gidon N., *Reflets 1*, Paris, Hachette, 1999, p. 9.

5. Articulant théorie et pratiques de classe, le présent ouvrage souhaite s'approcher au plus près de la réalité de la classe et propose pour ce faire de nombreuses illustrations, des « fenêtres sur cours » (pour reprendre l'intitulé de la collection dirigée notamment par Louis Porcher à qui nous souhaitons rendre ainsi un hommage appuyé). Ces illustrations sont, en général, des extraits d'ouvrages publiés par les Éditions Hachette et cités pour des raisons de proximité avec les auteurs de cette maison et de facilité d'accès aux sources.

En conséquence, l'enseignant, loin de voir dans cette activité une perte de temps, y consacre le temps nécessaire pour la mener en détail à son terme.

3. Le poids des contraintes pesant sur les épaules de l'enseignant

Dans leur grande majorité, les apprenants en FLE font leur apprentissage dans le cadre d'un enseignement dispensé dans une institution publique ou privée (école/lycée/université publics/privés, institut, centre culturel français, Alliance française, etc.), situation qui impose nombre de paramètres au professeur de cette institution dans la préparation de ses cours et dans son enseignement.

3.1. Le poids des programmes

Tout d'abord l'enseignant en charge de tel ou tel cours devra se conformer obligatoirement aux programmes et instructions correspondants du Ministère de l'Éducation dont dépend l'institution.

Ces programmes[6] indiquent en général un horaire, des objectifs généraux et spécifiques, une approche méthodologique, des champs thématiques et des contenus correspondant en termes d'actes de parole qui constituent autant de lignes directrices et de garde-fous mais qui peuvent être vécus comme autant de contraintes par les enseignants. Par exemple, limiter l'enseignement du FLE à deux heures hebdomadaires dans le primaire et proposer parallèlement un programme inadapté à cet horaire en raison de sa lourdeur peut conduire nombre d'enseignants, soit à refuser le programme dans son intégralité et faire des coupes toujours hasardeuses et subjectives, soit à le respecter à la lettre et faire du saupoudrage avec tous

6. Le ministère grec de l'Éducation propose par exemple pour l'enseignement du français au cycle primaire (2 heures/semaine) :
– des objectifs généraux : l'apprentissage du français vise à faire prendre conscience de l'existence d'autres codes linguistiques que celui de la langue maternelle, à favoriser le multilinguisme et le multiculturalisme ;
– des objectifs spécifiques. Exemple : les élèves devront se familiariser avec les phonèmes de façon à acquérir une bonne prononciation, avec la réception et la production de textes sonores simples... ;
– une méthodologie composite, éclectique basée sur l'approche communicative mais incluant des éléments traditionnels (usage de la langue maternelle, utilisation de la répétition, de la mémorisation) ;
– des champs thématiques : l'identité, la famille et les amis, les parties du corps, les lieux (ville, village...), etc. ;
– des contenus en termes d'actes de parole. Exemple pour l'identité : se présenter, présenter quelqu'un, demander son nom à quelqu'un, donner des renseignements personnels. (www.aplf.gr)

les risques afférents pour les apprenants : acquisition de quelques mots, de quelques structures, incapacité d'acquérir la moindre compétence...

3.2. Le poids du cursus : LV2 *vs* LV1

Le professeur doit ensuite penser son cours à la lumière de l'ensemble du cursus scolaire ou universitaire proposé en FLE. En effet, on n'enseigne pas en LV2[7] comme en LV1. Les approches d'apprentissage des langues vivantes étant de nos jours semblables – au moins au sein d'un même établissement, voire d'un même pays, les professeurs étant formés au sein d'un même moule – l'enseignant en LV2 peut s'appuyer sur les connaissances et les stratégies acquises par ses apprenants en LV1 et faire l'économie de nombre d'explications. Ainsi, en production orale, il n'a pas à expliquer le fonctionnement d'un jeu de rôle ; en réception écrite, il peut se dispenser de faire découvrir les stratégies d'analyse d'un texte. Ces économies sont d'autant plus importantes que l'horaire alloué à l'enseignement de la LV2 est généralement faible. Cette prise en compte de l'horaire est capitale dans la préparation d'un cours. Plus l'horaire alloué est faible, plus l'enseignant doit restreindre – bon gré, mal gré – ses ambitions vis-à-vis des apprenants.

3.3. Le poids de la démarche choisie

Le cours une fois calibré, le professeur doit ensuite réfléchir à la démarche pédagogique qu'il va mettre en œuvre. Cette démarche lui est personnelle mais elle doit s'harmoniser sur les démarches communes aux enseignants des autres disciplines qui enseignent les langues vivantes. Le rôle de la mémorisation est par exemple très décrié actuellement dans l'enseignement des langues[8]. Un professeur de FLE qui prendrait l'initiative de supprimer totalement dans son enseignement la mémorisation de longues listes de vocabulaire, alors que la plupart de ses collègues anglicistes ou germanistes continuent de pratiquer cette technique d'un autre âge, risque d'être incompris de son administration, de ses collègues, des parents et surtout des apprenants, situation susceptible de lui enlever toute crédibilité dans l'établissement...

3.4. Le poids de la culture du pays

Un établissement étant le reflet d'un pays, l'enseignant de FLE, notamment étranger[9], doit s'approprier la culture du pays, y compris ses interdits, dans le choix des thèmes qu'il propose aux apprenants.

7. LV2 = 2^{e} langue étrangère apprise à l'école. LV1 = 1re langue étrangère apprise à l'école.
8. Voir page 99.
9. Nous détaillerons, dans la partie 2, de manière plus fine, les différents visages et profils qui se cachent sous ce terme générique d'« enseignant ».

Si les thèmes politiques et religieux sont le plus souvent, pour des raisons évidentes, éliminés des cours, d'autres thèmes comme ceux de la drogue, de l'homosexualité ou de la place de la femme dans la société sont à éviter dans certains pays parce qu'ils risquent de heurter la sensibilité des apprenants. Fonder l'essentiel de son cours sur le respect de la culture, y compris pédagogique, des apprenants, est une règle intangible, quitte à faire découvrir avec tact qu'il existe de par le monde d'autres formes de culture... Une manière d'aborder de telles considérations avec ses apprenants peut se faire par le biais des « universels-singuliers », « c'est-à-dire l'ensemble des phénomènes qui ont lieu partout et toujours et que pourtant chaque société, chaque culture, traite différemment, à sa façon[10] », ce qu'illustre l'extrait suivant.

Fenêtre sur cours 2 : Les rythmes de la vie familiale

4. Les rythmes de la vie familiale

a) Les scansions officielles (qui sont aussi, souvent, vécues).
– Naissance, mariage, mort.
– Entrée à l'école, entrée dans la vie active, service militaire, retraite.

b) Les scansions rituelles.
– Anniversaire (de naissance, de mariage, etc.) :
- cadeaux, fleurs ;
- consommation (bougies, gâteaux, etc.) ;
- invitations (échange social), faire-part, annonces dans les journaux (cf. le « carnet » du *Monde*) ;
- apparat (distinction, compétition sociale, rang, etc.).

– Fêtes d'origine religieuse (par exemple le saint du jour au calendrier : noter que les journaux locaux et la télévision annoncent chaque jour quel est le saint du lendemain, preuve que la scansion reste forte) :
- baptême, communion ;
- cérémonie religieuse du mariage ;
- obsèques religieux.

c) Les scansions de génération.
C'est la relation enfants/parents/grands-parents/arrière-grands-parents, qui, historiquement évolue avec les modes de vie : l'urbanisation, par exemple, a fait que les grands parents ne vivent plus avec les parents et les enfants. Et aussi le fait que, à âge égal, les grands-parents d'aujourd'hui sont encore des actifs sociaux.

d) Les rythmes du loisir familial.
– Repos rituels et festifs :
- famille ;
- amis, copains ;
- obligations sociales et professionnelles.

Porcher L., *Manières de classe*, Paris, Didier/Alliance française, Collection « Fenêtres sur cours », 1987, p. 33.

10. Porcher L., *L'enseignement des langues étrangères*, Paris, Hachette Éducation, 2004, p. 39.

Les objectifs pédagogiques, dans ce cas de figure, sont les suivants : initiation aux pratiques culturelles des Français ; acquisition des actes de parole correspondants (à l'oral et à l'écrit) et de leurs contenus (en phonétique, vocabulaire, grammaire...). Une telle tâche pourra être conduite à partir de documents qui abondent sur le marché (comme celui proposé par G. Mermet, *Francoscopie 2010*, Larousse, 2010).

4. Les groupes-classes homogènes et hétérogènes

Au sein des établissements scolaires, les groupes-classes sont loin d'être homogènes. La plupart des classes sont mixtes mais la non-mixité est encore de règle dans un certain nombre de pays. Une telle situation a des incidences sur le choix des domaines[11] et des thèmes. Si le choix des thèmes est relativement simple dans une classe non mixte, il en va autrement dans une classe mixte, filles et garçons ne partageant pas forcément les mêmes goûts. Le thème de la famille intéresse peut-être plus les filles, celui du sport retient davantage l'attention des garçons... Dans les collèges, on pourrait supposer que tous les élèves de LV1 ou LV2 en 1re année de FLE constituent des groupes homogènes. C'est rarement le cas. Certains élèves ont déjà certaines connaissances acquises dans le Primaire sous la houlette d'un excellent instituteur, d'autres ne connaissent que quelques rudiments de la langue, d'autres enfin n'ont jamais fait de FLE.

La situation est souvent plus complexe encore dans les centres culturels où une même classe peut réunir à la fois des débutants complets et des faux-débutants[12] d'âges, de goûts, d'origines sociales et de niveaux d'études différents.

Une telle hétérogénéité induit obligatoirement la mise en place de pratiques spécifiques comme la pédagogie différenciée[13].

Ces pratiques spécifiques sont d'autant plus nécessaires que la classe est plus nombreuse. En effet, plus le nombre d'apprenants est élevé, plus la classe a des chances d'être hétérogène.

---

11. « Par domaine, on convient de désigner de grands secteurs de la vie sociale où se réalisent les interventions des acteurs sociaux. Au niveau le plus général, on s'en tient à des catégorisations majeures intéressant l'enseignement/apprentissage des langues : domaine éducationnel, domaine professionnel, domaine public, domaine personnel ». (*CECR*, § 2.1). C'est dans ces domaines que sont choisis les thèmes. Par exemple, le thème de *l'école* relève du domaine éducationnel.

12. « L'apprenant peut être un *débutant* (complet) ou un *faux-débutant* en langue. Par faux-débutant, il faut entendre un apprenant qui a une connaissance plus ou moins précise de son objet d'étude, parce qu'il l'a côtoyé à l'école ou dans la rue. En règle générale, il en a une perception très lacunaire, ce qui conduit les concepteurs de méthodes et les enseignants à l'assimiler au débutant. » (Robert J.-P., *Dictionnaire* pratique *de didactique du FLE*, Paris, Ophrys, 2008, p. 10)

13. Voir la partie 7 du présent ouvrage : « Le management de la classe : comment gérer les tâches et les activités ? ».

5. Les caractéristiques de l'apprenant

Tous ces apprenants, malgré leurs différences, partagent un certain nombre de caractéristiques (outre celles dégagées dans notre premier point *Première approche : les différentes facettes de la notion d'apprenant*).

Ils sont filles ou garçons, ils ont 9 à 10 ans à l'école primaire, 10 à 15 au collège, 15 à 20 au lycée. Ils appartiennent à un milieu social déterminé et sont enfants d'agriculteurs, d'ouvriers, d'employés, de commerçants, d'artisans, de cadres moyens ou supérieurs. Leur origine sociale a des incidences sur leur apprentissage. On peut par exemple supposer qu'un enfant de cadre a déjà eu l'occasion de fréquenter des milieux francophones (lors d'un voyage par exemple).

Ils ont une nationalité, peut-être une religion, et appartiennent à une société, à un groupe linguistique qui a sa langue, ses règles, ses habitudes, ses coutumes : toutes caractéristiques à prendre en compte par l'enseignant. Ainsi, un élève germanophone aura plus de facilité avec la langue française – parce que l'allemand appartient à la grande famille des langues européennes[14] comme le français – qu'un apprenant chinois dont la langue relève de la famille sino-thaïe. Un apprenant italien sera plus à l'aise dans son apprentissage qu'un apprenant turc – parce que l'italien et le français ont la même origine et sont des langues sœurs[15] – contrairement à un élève turc dont la langue n'a aucun lien de parenté avec le français.

L'appartenance des apprenants à la même famille linguistique que le français a également une incidence sur l'étude de la culture, y compris religieuse, qui est – on le sait de nos jours – étroitement liée à celle de la langue[16]. Un élève de confession musulmane ou bouddhiste qui

---

14. Depuis le XIXe siècle, on s'est attaché à regrouper les langues par familles, parmi lesquelles les plus importantes sont les familles :
– indo-européenne (avec les langues germaniques, romanes, etc.) ;
– chamito-sémitique (qui compte l'arabe, l'hébreu, le berbère) ;
– ouralo-altaïque (qui englobe le turc, le japonais, le coréen) ;
– sino-thaïe (composée du chinois et du thaïlandais) ;
– bantoue (qui rassemble les langues africaines parlées au sud du Sahara).

15. « Au sein de chaque famille, une langue (dite *langue mère*) a pu donner naissance à d'autres langues (dites *langues sœurs*) qui sont, de ce fait, apparentées. Ainsi en est-il du latin qui est à l'origine des langues romanes (italien, espagnol, français). » (Robert J.-P., *op. cit.*, 2008, p. 114)

16. « On s'est longtemps interrogé pour savoir si on devait et si on pouvait – sans porter atteinte à la langue – séparer l'enseignement de la langue de celui de la culture qu'elle véhicule, certains pays étant allergiques, par principe, à certaines caractéristiques de la culture française, comme la religion chrétienne ou la place de la femme dans la société. Si, effectivement, il est possible d'éliminer dans un cours des thèmes susceptibles de heurter certains groupes d'apprenants (comme ceux de la religion ou de la femme), il est par contre impossible d'enlever à la langue son caractère culturel. En effet, tout énoncé est toujours culturel. Les salutations en français et à la française contrastent avec les usages africains ou asiatiques, généralement plus longs, plus complets. Autre exemple : « Envoyer quelqu'un au diable » est une formule douce pour un Français, forte pour un Grec qui possède dans sa langue, dont les connotations religieuses sont restées très vivaces, une expression identique. » (Robert J.-P., *op. cit.*, 2008, p. 58)

ignorerait tout de la religion chrétienne éprouverait sans doute plus de difficultés qu'un apprenant de culture judéo-chrétienne à comprendre et assimiler nombre d'expressions à connotation religieuse comme : « Va au diable ! », « Ma vie est un enfer ! », « Il faut séparer le bon grain de l'ivraie. », « Nous devons boire le calice jusqu'à la lie ! » « La messe est dite ! », « Noël au balcon, Pâques aux tisons[17] ».

6. La personnalité de l'apprenant

Au-delà de leur nationalité et de leur appartenance à un groupe ethnique, les apprenants ont une personnalité propre qui va influer sur leur apprentissage. Chacun d'eux peut être travailleur ou paresseux, plus ou moins intelligent, doté d'une bonne ou mauvaise mémoire, avoir ou non de l'imagination, être autoritaire ou souple, silencieux ou bavard, extraverti ou introverti, confiant en soi ou non... Tous ces traits de caractère[18] « n'affectent pas seulement le rôle des [...] apprenants mais aussi leur capacité d'apprendre ». (*CECR*, § 5.1.3)[19]

L'enseignant doit repérer et prendre en compte à des degrés divers ces traits de caractère. Il peut confier à un élève intelligent, dynamique et respecté de ses camarades la gestion d'un groupe de travail. Il peut aussi faire participer plus souvent que les autres un apprenant timide et introverti à un jeu de rôle pour l'aider à se débarrasser de son inhibition. Il peut encore tirer parti de l'imagination d'un élève pour lui faire inventer des variantes à la conclusion d'un conte ou d'un roman.

17. Pour le sens de ces expressions idiomatiques, voir par exemple Chollet I. & Robert J.-M., *Précis. Les expressions idiomatiques*, Paris, Clé International, 2008.

18. L'ensemble des traits de caractère d'une personne constituent son *savoir-être*. Le savoir-être (ou « les savoir-être » : le *CECR* emploie indifféremment le singulier ou le pluriel) fait partie des compétences générales individuelles de l'apprenant au même titre que le savoir, le savoir-faire et le savoir-apprendre. (*CECR*, § 2.1.1.)

19. Selon B. Py (« L'apprenant et son territoire : système, norme et tâche », *AILE*, n° 2, 1993, p. 21), c'est effectivement le sujet qui décide de sa position par rapport aux trois pôles clés de l'apprentissage que sont le système, la norme et la tâche et qui, se faisant, définit son identité : « Par exemple, la priorité accordée au système manifeste un comportement plutôt exploratoire ou ludique face à la langue : le plaisir de manipuler des formes ou d'en créer de nouvelles l'emporte sur le souci de la conformité sociale et de l'efficacité communicative : nous avons affaire à un *apprenant curieux* [selon une proposition de Rémy Porquier] ou à un *apprenant joyeux*. Quant à la priorité à la norme, elle est un choix qui peut être interprété comme volonté d'assimilation sociale, ou comme manifestation d'une "attitude intégrative" vis-à-vis de la communauté des locuteurs de la langue cible. Ce choix est donc celui de l'*apprenant docile*. Pour sa part, la priorité à la tâche exprimerait plutôt une attitude instrumentale (et caractériserait l'*apprenant efficace*), ou encore le souci de maintenir une certaine différence linguistique et culturelle entre l'alloglotte et ses interlocuteurs en langue cible : le sujet se définit comme *bilingue* et *biculturel* plutôt que comme *apprenant*. »

7. La prise en compte des compétences générales individuelles des apprenants

L'enseignant doit également prendre en compte les compétences que les apprenants ont acquises soit à la naissance, soit par l'expérience et l'éducation dans leurs milieux respectifs à la maison et à l'école, et réaliser qu'ils sont dotés de *compétences générales individuelles*[20] plus ou moins étendues.

Certaines compétences sont innées. On est manuel ou incapable de se servir de ses mains, on a une personnalité forte ou faible[21]. Les autres sont acquises. Un apprenant de FLE, si jeune soit-il, dispose de connaissances issues de l'instruction reçue à l'école, de son éducation familiale, de son expérience personnelle. Il parle une ou plusieurs langue(s). Il a des connaissances plus ou moins approfondies dans nombre de disciplines (mathématiques, histoire, géographie, etc.). Il a appris en famille les règles qui régissent la société dans laquelle il vit. Il a en conséquence une vision du monde qui, certes, lui est propre mais qui est bien réelle, en matière de vie quotidienne (déroulement d'une journée, pratique des transports, utilisation des médias), de valeurs (relation au travail, à la famille, à la société, aux loisirs), de croyances (pratique des fêtes familiales, religieuses, adhésion ou non à des idées reçues)[22].

L'apprenant dispose également de certaines capacités sociales, physiques, techniques, artistiques, intellectuelles qui lui permettent de tenir sa place dans la société qui est la sienne, de pratiquer le sport, de bricoler ou de réparer un meuble, de dessiner ou de peindre, de tenir un discours cohérent ou de rédiger correctement une lettre[23].

Ces compétences et ces capacités sont d'une grande utilité à l'apprenant qui les conjugue pour « apprendre à apprendre »[24]. Il peut mettre à profit son audace naturelle pour se lancer dans un jeu de rôle même s'il est un débutant complet, ses connaissances académiques et empiriques pour établir des comparaisons entre les contenus linguistiques et culturels de la langue-source et de la langue-cible[25], ses aptitudes intellectuelles pour s'exprimer dans la langue-cible.

En conséquence, enseigner une langue étrangère comme le FLE, c'est prendre conscience que les apprenants, quel que soit leur âge, ne sont pas des « coquilles vides », c'est prendre en compte toutes leurs compétences générales individuelles, l'erreur fondamentale à éviter

20. L'expression est du *CECR* (§ 2.1.1 et 5.1).
21. Ces compétences font partie du « *savoir-être* » d'un individu.
22. Toutes ces connaissances constituent le/les « *savoir(s)* » ou le « *savoir déclaratif* ».
23. Ces capacités constituent autant de « *savoir-faire* ».
24. Expression synonyme : « *savoir(s)-apprendre* ».
25. Langue-source = langue maternelle, langue-cible = FLE.

étant de vouloir faire table rase de leur vécu, y compris de leurs tabous et de leurs préjugés.

8. Les représentations de l'apprenant

Ces préjugés sont de nature à fausser la représentation qu'ils ont de la France et des Français[26]. Quelle(s) image(s) en ont les étrangers ? Mise à part l'image d'Épinal révolue et amusante qui montre un Français coiffé d'un béret, une baguette de pain sous le bras, ils en ont souvent une représentation d'autant plus partielle et contrastée que leur niveau de culture est faible.

Pour un enfant, la France, c'est la tour Eiffel et Astérix. Pour un adolescent, c'est l'équipe de France de football, Victor Hugo et/ou des artistes à la mode comme la chanteuse Diam's. Pour un adulte, c'est le pays du tourisme, des châteaux comme celui de Versailles, de la gastronomie, des vins... et, s'il est éduqué, de la technologie et des droits de l'homme.

Mais la France, ce serait aussi, selon certains, un pays laxiste en matière de mœurs, un pays où certains ressortissants étrangers sont mal perçus en raison de leurs origines, où toutes les religions n'ont pas le même droit de cité...

Dans ces conditions, le professeur de FLE doit avoir à cœur de tordre le cou aux préjugés, de faire la part des choses, de montrer – notamment à travers son choix de thèmes, de textes sonores et/ou écrits – que la France est devenue au fil des ans et de son histoire, une nation multi-ethnique et multiconfessionnelle avec toute la grandeur et toutes les servitudes qu'une telle évolution engendre.

Dans cette entreprise, l'enseignant a moins pour objectif de défendre un pays et une langue qu'il aime que de forger le jugement de l'apprenant pour le conduire à la tolérance, l'un des buts – et non des moindres – de l'apprentissage des langues étrangères étant d'enrichir la personnalité de l'apprenant et de le doter d'une conscience interculturelle[27]

26. Ces préjugés peuvent notamment être véhiculés par les manuels de langue, comme le montre Nathalie Auger (*Constructions de l'interculturel dans les manuels de langue*, Cortil-Wodon, EME & InterCommunications, 2007, p. 111), citant par exemple un extrait de manuel de 1995 qui réduit les Français des différentes régions de France à des types physiques : « Profil français. Dans le nord de la France : les Français sont assez grands, ils ont les cheveux clairs, les yeux bleus. Dans l'est de la France : les Français sont très grands, ils ont les cheveux foncés et les yeux foncés. Dans le sud de la France : les Français sont assez petits et minces, ils ont les cheveux bruns et les yeux marron ».

27. Par *conscience interculturelle*, il faut entendre : la conscience qu'a un individu de l'existence dans le monde d'autres sociétés, d'autres cultures (avec tout ce que cela comporte, en termes de relations sociales, de coutumes, de religion, etc.) qui sont autant dignes de respect que la sienne.

débarrassée de tout préjugé[28], en l'ouvrant à de nouvelles expériences culturelles. C'est à une telle réflexion en classe que peut mener l'extrait de manuel suivant.

Fenêtre sur cours 3 : Vacances en France

D'après Goscinny/Gotlib, *Dingodossiers 3*, Dargaud, 1995.

Berthet A. *et al.*, *Alter Ego* A1, Paris, Hachette, 2006, p.162.

28. Telle est la philosophie du *CECR* : « C'est seulement par une meilleure connaissance des langues vivantes européennes que l'on parviendra à faciliter la communication et les échanges entre Européens de langue maternelle différente et, partant, à favoriser la mobilité, la compréhension réciproque et la coopération en Europe et à éliminer les préjugés et la discrimination. » (p. 10)

Fenêtre sur cours 3 : Vacances en France

Horizons

1

Lisez ces extraits de bande dessinée et choisissez un titre.

- ☐ Les commerces et l'accueil
- ☐ Les Français en vacances
- ☐ Les étrangers en vacances
- ☐ Vacances en ville

2

Relisez la BD et dites à quelles vignettes correspondent les intitulés suivants.

1. Efforts des Français pour faciliter la communication avec les touristes étrangers
2. Réactions des touristes étrangers face au mode de vie des Français
3. Réactions des Français face aux comportements des touristes étrangers

3

Associez les vignettes et les commentaires.

Exemple : a2.

1. La langue bien sûr pose problèmes. Mais on fait des efforts pour faciliter les relations avec les touristes.
2. L'Espagnol, par exemple, est toujours surpris par nos heures de repas.
3. Mais ce n'est pas encore parfait...
4. Le touriste comprendra bien vite que la nourriture et la boisson sont à l'origine des problèmes avec l'habitant.
5. L'Américain est déçu d'apprendre que les pharmacies ne vendent que des produits pharmaceutiques.
6. Le touriste apprendra aussi qu'on ne peut pas commander n'importe quoi à n'importe quelle heure.
7. L'Asiatique, lui, a la bonne surprise de se sentir chez lui.

AIDE-MÉMOIRE

Exprimer une réaction psychologique

L'Espagnol **est surpris/déçu/indigné par** nos heures de repas.
L'Américain **est surpris/déçu/indigné d'**apprendre que les pharmacies ne vendent que des médicaments.
Le Chinois **est content/ravi de** trouver des restaurants chinois en France.

S'EXERCER n° 1

4

Échangez en petits groupes : Quels comportements vous étonnent, vous amusent, vous choquent ?

5

À la manière du texte de la BD, imaginez quels peuvent être :

1. les comportements des étrangers dans votre pays, leurs réactions et interprétations, et les problèmes qu'ils peuvent rencontrer ;
2. les réactions de vos compatriotes face aux comportements des touristes étrangers.

Berthet A. *et al.*, *Alter Ego* A1, Paris, Hachette, 2006, p.163.

9. Les besoins communicatifs des apprenants

Autre caractéristique commune à tous les apprenants : ils ont des besoins communicatifs[29] qui peuvent être spécifiques mais ils sont peu ou prou motivés pour apprendre le français.

29. « Les besoins sont d'une part les attentes des apprenants (ou « besoin ressenti ») et d'autre part les « besoins objectifs » (mesurés par quelqu'un d'autre que l'apprenant ». (Cuq J.-P. (dir.), *Dictionnaire de didactique du français langue étrangère et seconde*, Paris, Clé International, 2003, p. 35). Comme le souligne L. Porcher (*op. cit.*, 2004, pp. 17-29), il est d'ailleurs possible qu'on soit obligé, pour répondre aux attentes des apprenants – *i.e.* à un besoin subjectif –, de passer par la réalisation d'un besoin objectif : si je veux, par exemple déclarer ma flamme à quelqu'un, il vaut mieux en général que je sache comment fonctionnent les genres dans la langue étrangère !

Ces besoins correspondent aux attentes des publics qui savent pourquoi ils suivent un cours de FLE : apprenants des centres culturels, des instituts à la recherche de certifications françaises comme le DELF ou le DALF, adultes désireux d'apprendre le français pour des raisons spécifiques (médecin qui envisage d'émigrer dans un pays francophone, magistrat intéressé par la lecture d'ouvrages juridiques, homme d'affaires qui commerce avec la France).

Il en va autrement dans les écoles, collèges et lycées où beaucoup d'élèves n'éprouvent pas le besoin d'étudier le français parce que cette étude leur est imposée par l'institution et qu'ils assimilent le cours de français à celui d'éducation physique, de musique ou d'arts plastiques. Si l'on pose la question à l'un d'eux, il répond invariablement : « Parce que c'est obligatoire » ou « parce que c'est au programme ».

Dans le premier cas de figure, comme nous venons de le voir, le professeur procède à une analyse des besoins des apprenants pour les identifier, les cerner au plus près afin de déterminer des objectifs précis à son enseignement, élaborer un programme et choisir ou fabriquer, en conséquence, les matériaux pédagogiques adéquats. Cette analyse de besoins prend la forme d'un questionnaire différencié selon les publics et les compétences qu'ils souhaitent acquérir (maîtrise des quatre aptitudes pour le médecin et l'homme d'affaires, maîtrise d'une seule, celle de compréhension écrite, pour le magistrat).

Dans le second cas de figure – programme, objectifs, voire manuel, étant fournis par l'institution –, l'enseignant se doit de motiver ses élèves en leur montrant l'intérêt de l'étude du français.

10. L'apprenant et sa motivation

En effet, sans motivation, il n'y a ni apprentissage ni enseignement possible. Un apprenant motivé peut travailler pour une bonne note, une récompense, la reconnaissance de ses parents, de ses maîtres[30]. Il peut également travailler pour le plaisir d'apprendre, pour devenir autonome en français[31]. « Dans le premier cas, la motivation est relativement fragile puisqu'elle est extérieure à l'élève et conditionnée par son environnement, dans le second, elle est plus solide parce qu'elle vient de l'élève lui-même et qu'elle fait partie d'un projet personnel. [32]»

Quelles que soient les motivations de l'apprenant, toutes sont légitimes, l'enseignant ne porte aucun jugement et veille à les encourager. Il évite en conséquence des formules lapidaires telles que « On ne travaille pas pour une note ou pour une récompense ! » ou « N'oublie pas que tu travailles pour toi et non pour tes parents ! ».

30. On parle alors de « motivation extrinsèque ou externe ».
31. On parle alors de « motivation intrinsèque ou interne ».
32. Robert J.-P., *op. cit.*, 2008, p. 66.

En cas de désintérêt des apprenants, l'enseignant peut motiver ses élèves de diverses manières.

Si l'apprenant est en âge de comprendre un argumentaire, le professeur peut lui expliquer que le français :
– est parlé sur les cinq continents, dans plus de cinquante pays ;
– est la langue officielle et/ou administrative dans nombre d'États africains réunis au sein de la Francophonie ;
– est la langue de la diplomatie et fait partie des langues officielles de l'ONU, de l'OTAN ; est l'une des principales langues de travail de l'Union européenne, du Conseil de l'Europe ; est également langue officielle des Jeux olympiques, de la Poste internationale ;
– est la langue de la technologie : toutes les notices d'appareils électriques, électroniques, etc., ont une version française ;
– est la langue de l'élite : de nombreuses personnalités comme le président actuel de la Commission européenne s'expriment dans un français parfait ! ;
– est sans doute, parmi les langues européennes, l'une des langues étrangères qui sont les plus faciles à étudier parce qu'elle ne comporte que peu d'idiotismes, contrairement à d'autres langues comme l'anglais ;
– est une langue précise et permet de nuancer sa pensée, les personnes ayant étudié le français communiquant plus efficacement que s'ils s'exprimaient dans une autre langue ;
– permet l'acquisition d'une pensée critique ;
– permet à un étudiant de poursuivre des études universitaires dans les pays francophones (France, Belgique, Canada) où les frais de scolarité sont beaucoup moins élevés que dans les pays anglophones.

Si l'apprenant est trop jeune pour être sensible à de tels arguments, l'enseignant utilise toutes les TICE[33] dont il dispose et propose des activités, des tâches motivantes : jeux, montage d'affiches, résolution d'énigmes policières, etc.[34]

---

33. TICE (Technologies de l'Information et de la Communication pour l'Éducation) : ordinateur, Internet, CD-Rom, DVD, radio/télévision (scolaire).

34. « L'enseignant peut choisir de faire travailler ses élèves sur les contenus d'un CD ludo-culturel, comme le montre F. Mangenot (2000), dans son analyse du “Complot à la cour du Roi-Soleil”. Le thème permet de découvrir Louis XIV, Versailles et son château. L'histoire, présentée sous forme de jeu, éveille l'intérêt (le 21 juin 1685, Monsieur Bontemps, premier valet de chambre du Roi, découvre un pamphlet qui menace Versailles d'un sort terrible avant la fin du jour) et permet de nombreuses activités. Le professeur peut faire travailler les élèves :
– à l'oral : sur les dialogues entre personnages historiques comme la Marquise de Montespan ou le cardinal de Bouillon ;
– à l'écrit : sur différents types de documents présents dans le CD tels que pamphlets ou fiches individuelles établies sur chacun des personnages. » (Robert J.-P., *op. cit.*, 2008, p. 199).

Enfin, le professeur garde en mémoire que l'auto-évaluation et le portfolio[35] sont deux instruments puissants de motivation, l'auto-évaluation parce que l'apprenant, en la pratiquant régulièrement, constate par lui-même qu'il progresse, le portfolio parce qu'il donne du sens à son apprentissage et un caractère officiel à ses progrès, au même titre qu'un bulletin de notes.

11. L'apprenant et les ressources à disposition – manuels et matériel audiovisuel

Dernière caractéristique commune à tous les apprenants : ils ont à leur disposition un certain nombre de ressources en termes de manuels et de matériel audiovisuel.

Ces ressources sont soit collectives (la classe/l'école possède une bibliothèque, peut-être un laboratoire multimédia, des CD-Rom, des DVD), soit individuelles (l'élève dispose d'un ordinateur personnel).

L'utilisation de ces TICE est devenue incontournable dans l'enseignement contemporain et permet à l'enseignant de donner du sens aux apprentissages. Le meilleur moyen de valoriser l'enseignement du français est de faire découvrir aux apprenants la multiplicité des sites francophones sur Internet – qui s'élèvent à plusieurs millions – où ils découvrent les réalités culturelles de la France (visite virtuelle d'un musée comme le Louvre) et/ou entrer en contact avec des apprenants du même âge, non seulement français mais aussi et surtout belges, suisses, canadiens, africains, guyanais, haïtiens, vietnamiens... pour converser, voire échanger des nouvelles, des journaux scolaires. Grâce à la Toile (à Internet), ils peuvent également entrer en contact avec d'autres élèves/étudiants étrangers et réaliser qu'ils font partie d'une immense famille, celle des apprenants de FLE.

---

35. « Un portfolio, véritable carte d'identité linguistique du détenteur, comprend trois volets : le *passeport européen des langues* (PEL), la *Biographie langagière* et le *Dossier*.
Le **PEL** donne une vue d'ensemble des capacités de l'apprenant en différentes langues à un moment donné. Cette vue d'ensemble est définie en termes de capacités en relation avec les niveaux de compétence du *CECR*. Il mentionne les certifications officielles obtenues. Il fait état des compétences langagières et des expériences d'apprentissage linguistiques et interculturelles significatives. Il réserve une place à l'auto-évaluation, à l'évaluation par les enseignants et les institutions scolaires ainsi que par les organismes de certification.
La **Biographie langagière** vise à impliquer l'apprenant dans la planification de son apprentissage, dans la réflexion sur son apprentissage et dans l'évaluation de ses progrès. Elle lui donne la possibilité de noter ce qu'il sait faire dans chaque langue et de mentionner les expériences culturelles qu'il a vécues dans un contexte éducatif, officiel ou non.
Le **Dossier**, quant à lui, offre l'occasion à l'apprenant de sélectionner des matériaux (travaux personnels, par exemple) qui lui servent à documenter et à illustrer ses acquis ou les expériences mentionnés dans le PEL ou la Biographie langagière. » (Robert J.-P. & Rosen É., *Dictionnaire* pratique *du CECR*, Paris, Ophrys, 2010, p. 211)

Mais toute médaille a son revers. L'utilisation des TICE, d'Internet par exemple, n'est pas un objectif en soi mais un moyen ! L'enseignant doit donc veiller à ce que cette utilisation ne se transforme pas en jeu au cours duquel l'apprenant ne cesse de zapper d'un site à l'autre, se contente d'observer les illustrations et ignore les commentaires écrits ou/et oraux qui font l'objet de la consultation...

12. Bilan

Au terme de ce premier parcours, l'enseignant aura ainsi à sa disposition beaucoup d'informations sur ses apprenants. Sont-elles à classer, à conserver précieusement et à ressortir en cas de problème ? On aura compris à la lecture de cette première partie que l'enseignant doit s'appuyer sur ces informations pour orienter son enseignement. Autrement dit (au risque de décevoir de nombreux collègues), il est impossible de préparer ses cours une fois pour toutes et de les sortir au dernier moment du classeur ! C'est une base de cours que l'on peut venir chercher dans ses classeurs conçus au fil des ans, des bases qui seront adaptées et ciblées selon les profils des publics en présence. Si l'analyse des profils des apprenants révèle un public hétérogène quant à ses compétences langagières, il est peu concevable de proposer une même et unique feuille d'exercices à effectuer dans des conditions identiques : les consignes de travail devront être différentes selon les niveaux ou bien encore les conditions de travail (avec ou sans aide de l'enseignant, de glossaires ou de documents complémentaires).

De plus, si des informations sensibles et/ou confidentielles sont demandées aux étudiants, l'enseignant ne devra pas négliger d'expliquer le comment du pourquoi de cette collecte d'information, autrement dit il devra bien mettre au clair que ces informations vont servir à proposer des cours au plus près des besoins et des profils des étudiants.

Ce constat achevé, quelle peut être l'ambition terminale de l'enseignant de FLE pour ses élèves/étudiants ? Leur faire acquérir de réelles connaissances, de solides compétences ? Certes mais l'objectif essentiel de l'apprentissage d'une langue est moins de faire des apprenants des francophones accomplis (ils ont toute la vie pour améliorer leurs performances) que de les doter, grâce au français, d'une « personnalité saine et équilibrée » : « Dans une approche interculturelle, un objectif essentiel de l'enseignement des langues est de favoriser le développement harmonieux de la personnalité de l'apprenant et de son identité en réponse à l'expérience enrichissante de l'altérité en matière de langue et de culture[36] ».

36. *CECR*, § 1.

2

Enseignant(s) : Qui êtes-vous ?

1. Faire le point avec un test

Aucun professeur ne peut prétendre être un enseignant digne de ce nom s'il ne se remet pas en question périodiquement. Pour cela, il peut avoir recours à l'auto-évaluation et remplir un test comme le test suivant qui se décline en 5 parties :

a. La langue française et vous ;
b. Votre sociabilité et votre intégration[1] ;
c. La didactique, les méthodes, les manuels et vous ;
d. L'apprenant et vous ;
e. Votre conduite de classe.

1. Une excellente grille de ce type est proposée sur le site suivant : http://www.lb.refer.org/fle/cours/cours3_AC/evaluation/cours3_ev301.htm

Pour remplir ce test, lisez l'énoncé puis choisissez la réponse qui vous convient :

A : toujours B : souvent C : rarement D : jamais

a. La langue française et vous	A	B	C	D
Comprenez-vous une émission de radio, de télévision, un film, une chanson ?				
Comprenez-vous un interlocuteur francophone qui parle vite ?				
Êtes-vous capable de participer activement à une conversation entre francophones qui porte sur des sujets d'actualité comme le réchauffement de la planète ?				
Lisez-vous sans effort un journal, un magazine ?				
Lisez-vous avec aisance une œuvre classique, de Molière, par exemple ?				
Rédigez-vous sans difficulté majeure une lettre amicale ?				
Rédigez-vous sans difficulté majeure une lettre administrative ?				
Êtes-vous capable de rédiger un article, une communication dans un domaine spécifique qui vous est familier en langue maternelle ?				
Écrivez-vous sans faute d'orthographe ?				
Utilisez-vous des ouvrages de référence tels que des dictionnaires et des grammaires ?				
TOTAL :				

b. Votre sociabilité et votre intégration	A	B	C	D
Êtes-vous d'accord avec les décisions prises dans votre établissement ?				
Avez-vous des rapports cordiaux/amicaux avec vos collègues ?				
Appliquez-vous les instructions officielles et/ou les recommandations de vos supérieurs hiérarchiques (inspecteur, directeur d'établissement, etc.) ?				
Trouvez-vous utiles les actions de formation continue proposées par certains organismes de formation, tels les bureaux pédagogiques, les associations d'enseignants, etc. ?				

b. Votre sociabilité et votre intégration *(suite)*

	A	B	C	D
Allez-vous systématiquement aux séances de formation que ces organismes proposent (journée pédagogique, stage, etc.) quand elles ne sont pas obligatoires ?				
Assistez-vous aux rencontres, congrès, etc., proposés par certaines instances internationales comme la FIPF ou l'ASDIFLE[2] ?				
Êtes-vous intéressé(e) par des échanges (réunions informelles, prêts de manuels, etc.) avec des collègues enseignants (de FLE ou d'autres disciplines) ?				
Êtes-vous prêt(e) à demander à un(e) collègue de procéder à l'évaluation de votre travail en classe ?				
TOTAL :				

c. La didactique, les méthodes, les manuels et vous

	A	B	C	D
Consultez-vous les dictionnaires de didactique du FLE, les référentiels des niveaux de langue (A1, A2, B1, etc.) ?				
Vous intéressez-vous aux nouvelles méthodes qui paraissent sur le marché ?				
L'apparition d'une nouvelle approche en didactique (par exemple, l'approche communicative dans les années 80, l'approche actionnelle à l'heure actuelle), suscite-t-elle votre intérêt ?[3]				
Essayez-vous de mettre en pratique cette nouvelle approche ?				

2. Les FIPP : Fédération Internationale des Professeurs de Français ; ASDIFLE : Association de Didactique du Français Langue Étrangère.

3. Les auteurs du *CECR* définissent l'approche actionnelle au chapitre 2 sous le titre :

Caractéristiques de toute forme d'usage et d'apprentissage d'une langue

« L'usage d'une langue, y compris son apprentissage, comprend les actions accomplies par des gens qui, comme individus et comme acteurs sociaux, développent un ensemble de compétences générales et, notamment une compétence à communiquer langagièrement. Ils mettent en œuvre les compétences dont ils disposent dans des contextes et des conditions variés et en se pliant à différentes contraintes afin de réaliser des activités langagières permettant de traiter (en réception et en production) des textes portant sur des thèmes à l'intérieur de domaines particuliers, en mobilisant les stratégies qui paraissent le mieux convenir à l'accomplissement des tâches à effectuer. Le contrôle de ces activités par les interlocuteurs conduit au renforcement ou à la modification des compétences ». (§ 2.1)

c. La didactique, les méthodes, les manuels et vous *(suite)*

	A	B	C	D
Avez-vous établi un type de « contrat » avec vos élèves ?[4]				
Avez-vous un *projet pédagogique* avec votre classe (préparer à un examen comme le DELF/le DALF, faire découvrir la France pluriculturelle à travers l'enseignement de la langue, etc.) ?				
Intégrez-vous à votre enseignement la réalisation de projets concrets (création d'un journal, d'un site Internet, d'un journal de classe) ?				
La pratique de la *pédagogie différenciée* vous semble-t-elle indispensable ?[5]				
Privilégiez-vous le travail par *tâches* ?[6]				
Utilisez-vous un portfolio ?				
Utilisez-vous les TICE ?[7]				
Prenez-vous le *plurilinguisme* en compte dans votre approche des cours ?[8]				
TOTAL :				

4. En effet, la pédagogie de contrat qui, bien que non spécifique à l'enseignement des langues étrangères, est de plus en plus utilisée en FLE. « La pédagogie de contrat est une pédagogie qui organise des situations d'apprentissage où il y a un accord négocié mutuel entre partenaires qui se reconnaissent comme tels » (Preszmycki, 2003). Dans le cadre de cette pédagogie, les deux parties prenantes sont l'enseignant d'une part, la classe ou un groupe d'élèves (voire un seul) d'autre part. Quant au contrat lui-même, il peut être tacite ou faire l'objet d'un document signé par les deux parties, un engagement écrit étant de nature à responsabiliser davantage les apprenants. » (Robert J.-P., *Dictionnaire pratique de didactique du FLE*, Paris, Ophrys, 2008, p. 52)
5. « la pédagogie différenciée [...] tente de répondre à l'hérogénéité des classes en respectant les rythmes individuels et en adaptant à chaque élève les contenus de l'enseignement et les pratiques de classe. » (Robert J.-P, *op. cit.*, 2008, p. 162)
6. Le terme de tâche a été vulgarisé par le *CECR*. Par tâche, on entend « ce qu'il faut faire; [une] conduite commandée par une nécessité ou dont on se fait une obligation. » (*Le nouveau Petit Robert*) « Cette tâche n'est jamais purement langagière, même si elle demande de recourir au langage oral ou écrit, donc à l'emploi d'actes de parole. Elle s'inscrit dans un acte social plus large de la vie quotidienne qui peut relever des domaines personnel (téléphoner pour prendre des nouvelles), public (acheter un billet d'avion), éducationnel (évaluer ses résultats scolaires avec un professeur) ou professionnel (rédiger un rapport). » (Robert J.-P, *op. cit.*, 2008, p.194)
7. Technologies de l'Information et de la Communication pour l'Éducation.
8. « Il faut resituer le plurilinguisme dans le contexte du pluriculturalisme [...]. Les différentes cultures (nationale, régionale, sociale) auxquelles quelqu'un a accédé ne coexistent pas simplement côte à côte dans sa compétence culturelle. Elles se comparent, s'opposent et interagissent activement pour produire une compétence pluriculturelle enrichie et intégrée dont la compétence plurilingue est l'une des composantes, elle-même interagissant avec d'autres composantes ». (*CECR*, § 1.4)

d. L'apprenant et vous	A	B	C	D
Avez-vous identifié les besoins de l'apprenant ? Les prenez-vous en compte ?				
Encouragez-vous les élèves dont les *motivations* sont *externes* ?[9]				
Encouragez-vous les élèves dont les *motivations* sont *internes* ?				
Essayez-vous de motiver les apprenants qui ne le sont pas ?				
Parlez-vous d'*erreur* ?[10]				
Évitez-vous le terme de *faute* ?				
Évitez-vous les critiques (personnelles) négatives ?				
Privilégiez-vous les critiques positives ?				
Préparez-vous l'apprenant à devenir un « acteur social », c'est-à-dire un citoyen à part entière, pouvant agir avec sens dans la société où la langue étrangère qu'il apprend est pratiquée ?[11]				
Encouragez-vous chaque élève, même le plus faible, à répondre à vos questions ?				

---

9. « [...] dans l'enseignement, un élève motivé extrinsèquement travaille pour obtenir une bonne note, une récompense, la reconnaissance de ses parents et de ses professeurs. Par contre, un élève motivé intrinsèquement travaille pour le plaisir d'apprendre, pour acquérir de l'expérience, pour devenir autonome. Dans le premier cas, la motivation est relativement fragile puisqu'elle est extérieure à l'élève et conditionnée par son environnement, dans le second, elle est plus solide parce qu'elle vient de l'élève lui-même et qu'elle fait partie d'un projet personnel. » (Robert J.-P, *op. cit.*, 2008, p. 136) (voir partie 1)
10. Les fautes et les erreurs peuvent être d'ordre phonétique, lexicale, syntaxique, etc. Il faut distinguer les deux notions :
« Les erreurs sont causées par une déviation ou une représentation déformée de la compétence cible. Il s'agit alors d'une adéquation de la compétence et de la performance de l'apprenant qui a développé des règles différentes des normes de la L2. Les fautes, pour leur part, ont lieu quand l'utilisateur/apprenant est incapable de mettre ses compétences en œuvre, comme ce pourrait être le cas pour un locuteur natif. » (*CECR*, § 6.5)
11. En effet, « prônant une perspective actionnelle, les auteurs [du *CECR*] insistent sur le contexte social dans lequel s'inscrit toute action . "Si les actes de parole se réalisent dans des activités langagières, celles-ci s'inscrivent elles-mêmes à l'intérieur d'actions en contexte social qui seules leur donnent leur pleine signification" (§ 2.1). Ils considèrent donc l'apprenant comme un acteur social, au même titre que tous les usagers d'une langue. "La perspective privilégiée ici est de type actionnel en ce qu'elle considère avant tout l'usager et l'apprenant d'une langue comme des acteurs sociaux". (§ 2.1) » (Robert J.-P. & Rosen É., *Dictionnaire pratique du CECR*, Paris, Ophrys, 2010, p.1)

d. L'apprenant et vous *(suite)*	A	B	C	D
Encouragez-vous l'interaction entre élèves (dialogues, jeux de rôles, etc.) ?				
Encouragez-vous l'apprenant à acquérir des *stratégies*, par exemple pour améliorer sa lecture ?[12]				
TOTAL :				

e. Votre conduite de classe[13]	A	B	C	D
Êtes-vous à l'écoute de vos élèves ?				
Vous considérez-vous comme le détenteur moins d'un savoir que d'un savoir-faire que vous avez à cœur de transmettre ?				
Évitez-vous en général d'être directif tout en sachant empêcher tout désordre ?				
Évitez-vous de rester assis derrière votre bureau et vous déplacez-vous dans toute la classe ?				
Avez-vous recours, chaque fois que c'est possible, à un dessin au tableau, par exemple pour expliquer des mots concrets comme *arbre* ou *maison* ?				
Votre écriture au tableau est-elle large, claire, lisible par tous les élèves sans exception ?				
Utilisez-vous le langage corporel (gestes, mimes) pour donner plus de poids à votre discours ?				

12. « Depuis les années 1970 et la fin du structuralisme, la didactique des langues s'appuie sur l'aptitude de l'être humain à réfléchir sur sa propre pensée. C'est cette aptitude appelée *métacognition* qui permet à apprenant de réguler et de superviser son propre apprentissage. Ce faisant, l'apprenant met en œuvre des stratégies dites métacognitives qu'il associe, pour s'approprier des stratégies de communication, à des stratégies d'apprentissage. L'importance des stratégies métacognitives est mise en lumière par le *CECR* qui les regroupe en quatre catégories : la planification, l'exécution, le contrôle, la remédiation. (Chapitre 4 § 4.4). La planification (ou organisation) c'est réfléchir à la tâche avant de l'exécuter, l'exécution, c'est la réaliser, le contrôle (ou l'évaluation), c'est la juger, la remédiation, c'est corriger. Pour les auteurs du Cadre, ces stratégies intègrent stratégies de communication et stratégies d'apprentissage, l'ensemble constituant la compétence stratégique de l'apprenant. Comme leur nom l'indique, les stratégies de communication sont mises en œuvre par l'apprenant quand il communique à l'oral comme à l'écrit. Ces stratégies « reposent sur des phénomènes de compensation... entre les composantes linguistique, discursive, référentielle, socioculturelle... sans oublier les stratégies non verbales, l'utilisation du mime ou du dessin, les gestes de sollicitation par exemple ». (S. Moirand, *Enseigner à communiquer en langue étrangère*, Paris, Hachette, collection « F », recherches/applications, 1982). Pour s'approprier ces stratégies de communication, l'apprenant doit apprendre à écouter, parler, lire, écrire, interagir, toutes aptitudes qui constituent autant de stratégies d'apprentissage et pour lesquelles les auteurs du Cadre proposent des échelles d'évaluation. » (Robert J.-P., *op. cit.*, 2008, p.190)

13. Pour cette dernière partie du test, il serait préférable que vous demandiez à un conseiller pédagogique ou à défaut à un collègue enseignant en FLE de vous observer en situation de classe et de remplir lui-même la grille.

e. Votre conduite de classe *(suite)*

	A	B	C	D
Employez-vous la langue maternelle de vos élèves ?				
Acceptez-vous que vos élèves utilisent occasionnellement leur langue maternelle, par exemple en cas de blocage sur la compréhension d'un fait grammatical ?				
Parlez-vous lentement ?				
Parlez-vous d'un ton enthousiaste ?				
Parlez-vous suffisamment fort de façon à ce que tous les élèves vous entendent ?				
Utilisez-vous une langue simple, accessible ?				
Plaisantez-vous avec vos élèves ?				
Au début de chaque cours, demandez-vous aux élèves de récapituler les acquis de la séance précédente ?				
Présentez-vous les objectifs de chaque cours en début de séance ?				
En fin de séance, demandez-vous aux élèves de dire ce qu'ils ont retenu de la séance ?				
Vos consignes sont-elles claires, concises ?				
Répondez-vous à toutes les questions des apprenants ?				
Répétez-vous sans vous fâcher une explication, même à la demande d'un seul élève ?				
Variez-vous les activités orales et écrites pour éviter la monotonie et l'ennui ?				
Alternez-vous le travail collectif avec des travaux par groupes ?				
Favorisez-vous le travail par groupes pour préparer une activité de lecture, de rédaction ou de correction ?				
Incitez-vous l'apprenant à se corriger lui-même à l'oral comme à l'écrit ?				
Incitez-vous les autres apprenants à corriger un élève qui a commis une erreur à l'oral ?				
Utilisez-vous des activités orales et/ou écrites de remédiation ?				
Fabriquez-vous des activités orales et/ou écrites si vous estimez que celles du manuel sont insuffisantes ?				
Avez-vous déjà enregistré l'un de vos cours ?				
TOTAL :				

2. Analyse des résultats du test grille par grille

Reportez maintenant le total obtenu dans la grille ci-dessous et consultez ensuite les remarques et conseils suivants.

Descriptif	Score réalisé (j'ai une majorité de :)
a. La langue française et moi	
b. Ma sociabilité et mon intégration	
c. La didactique, les méthodes, les manuels et moi	
d. L'apprenant et moi	
e. Ma conduite de classe	

a. La langue française et vous

Vous avez une majorité de A et de B	Bravo ! Vous êtes parfaitement francophone !
Vous avez une majorité de C	Vous pouvez encore améliorer votre niveau de langue par l'écoute et la lecture de documents sonores et écrits.
Vous avez une majorité de D	Ne serait-il pas judicieux de suivre une formation de remise à niveau linguistique ?

b. Votre sociabilité et votre intégration

Vous avez une majorité de A et de B	Félicitations : vous êtes parfaitement intégré(e) dans votre établissement !
Vous avez une majorité de C	Peut-être qu'un effort d'intégration serait le bienvenu ?
Vous avez une majorité de D	Vous devriez consulter des articles / des livres de pédagogie qui expliquent comment devenir un « enseignant réflexif ».

c. La didactique, les méthodes, les manuels et vous

Vous avez une majorité de A et de B	Excellent ! Vous suivez avec attention les dernières évolutions de la didactique du FLE et vous essayez de les mettre en pratique, pour le plus grand bien de vos élèves. Continuez dans ce sens...
Vous avez une majorité de C	Vous semblez très réticent(e) devant les dernières évolutions de la didactique du FLE ; ne risquez-vous pas de pénaliser les apprenants en refusant tout changement ?
Vous avez une majorité de D	Vous semblez refuser toute évolution. Ne craignez-vous pas qu'à terme votre conservatisme vous nuise et soit préjudiciable à vos élèves ?

d. L'apprenant et vous

Vous avez une majorité de A et de B	C'est remarquable : vous avez assimilé et mettez en pratique une pédagogie moderne centrée sur l'apprenant, sur ses besoins immédiats et futurs. Vous lui donnez les moyens d'approfondir ses compétences.
Vous avez une majorité de C	Peut-être pourriez-vous tenir compte des pistes suivantes : pensez à revoir votre image de l'apprenant, à lui faire confiance, à l'encourager et à le considérer en toutes circonstances comme l'acteur principal de son apprentissage.
Vous avez une majorité de D	Voyez-vous vraiment dans un élève un apprenant ? Pensez-vous être capable de le conduire à l'autonomie, but ultime de tout apprentissage, y compris en langue ?

e. Votre conduite de classe

Vous avez une majorité de A et de B	Quel succès ! La conduite de classe ne vous pose aucun problème, vous maîtrisez parfaitement tous les paramètres de la situation d'enseignement.
Vous avez une majorité de C	Bravo : vous connaissez la conduite à tenir... mais êtes-vous certain(e) de la mettre toujours en pratique ?
Vous avez une majorité de D	Vous avez une conception singulière quant à la façon de gérer une classe ! N'hésitez pas à vous informer au plus vite et à suivre si possible un stage de remise à niveau.

Le test, toutes grilles confondues, se compose de 70 questions. En résumé, vous êtes un enseignant :

excellent	si vous avez de 60 à 70 A et B
très bon	si vous avez de 50 à 59 A et B
bon	si vous avez de 40 à 49 A et B
qui peut s'améliorer	si avez moins de 40 A et B

Le lecteur le comprendra. Un test n'est qu'un test ! Celui-là, comme tous les tests, est donc perfectible. Son principal défaut, c'est de s'adresser sans nuance à tous les professeurs de FLE alors que les situations d'enseignement sont fonction des pays, de l'âge des apprenants et de la compétence des enseignants qui n'ont pas toujours les moyens de s'informer ni de suivre des stages de formation...

Son principal mérite est de sensibiliser les enseignants, de faire prendre conscience :
– qu'être enseignant, c'est éviter de se figer dans des certitudes méthodologiques et pédagogiques acquises à l'université à une certaine époque ;
– que la didactique des langues, et celle du FLE en particulier, est en perpétuelle évolution ;
– que cette évolution n'est pas un phénomène de mode mais qu'elle permet d'améliorer la qualité de l'enseignement ;
– qu'il faut en conséquence rester ouvert aux changements pour demeurer en phase avec cette évolution.

3. Analyse des résultats du test : pour aller plus loin...

L'analyse précédente, classique, vous a permis de réaliser une première approche globale de votre profil. Il est possible d'individualiser les résultats en traçant maintenant plus finement votre profil personnel d'enseignant.

Reprenez pour ce faire la grille des résultats proposée p. 36 puis entourez en bleu vos points forts et en vert les dimensions qui peuvent être améliorées et/ou constituent un défi à relever pour vous.

Pour avancer dans ces défis, vous pouvez commencer à répondre aux questions suivantes (voir également, à la fin de ce chapitre, « Les dix commandements de l'enseignant(e) de FLE » p. 41).

Tableau 1 : Cinq questions pour avancer dans les défis qui se posent à tout enseignant
• Comment je veux/peux m'améliorer ? • Qui/qu'est-ce qui pourrait m'aider ? • Sur quelles ressources est-ce que je peux m'appuyer ? • Comment est-ce que je peux évaluer jusqu'à quel point j'ai réussi ? • Quand est-ce que je souhaite acquérir telle ou telle qualité ?

Dans une démarche réflexive, le schéma suivant devrait vous permettre, d'une part, de visualiser votre profil actuel et, d'autre part, de noter les avancées réalisées (un exemple commenté est proposé ci-dessous).

Figure 1 : Exemple d'un profil d'enseignant en évolution

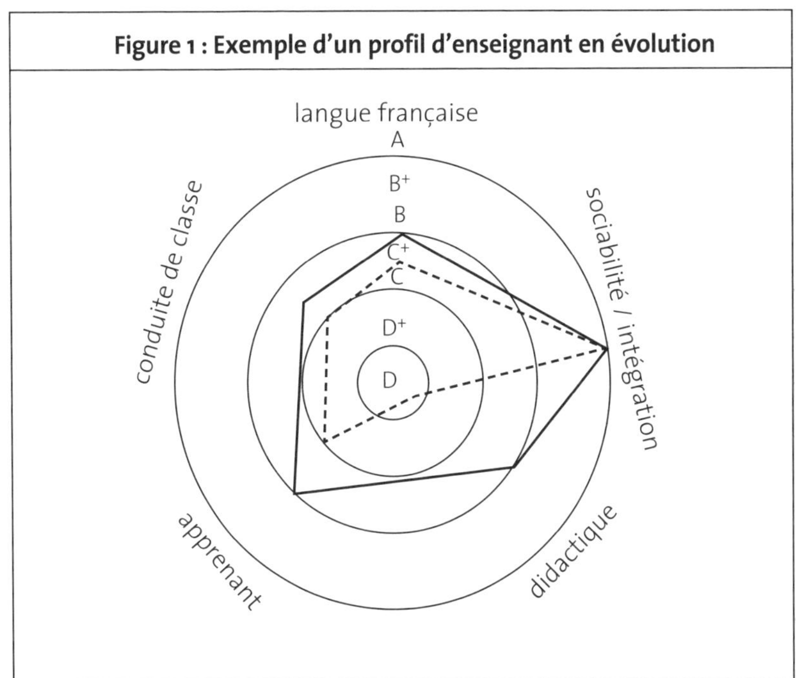

Tout d'abord un rapide mode d'emploi de ce schéma :

– Cinq critères d'auto-évaluation sont proposés : langue française, sociabilité/intégration, didactique, apprenant et conduite de classe. Ces critères reprennent de manière synthétique chacune des grilles précédemment remplies dans le test.

– Vous venez de récapituler les scores réalisés pour chacun de ces critères. Vous pourrez les reporter dans le schéma qui propose, outre les réponses en A, B, C et D, des réponses intermédiaires en B^+, C^+ et D^+ quand vos scores ne sont pas tranchés.

– Reliez ensuite les points obtenus pour visualiser votre profil.

L'enseignant « idéal » visualisera un profil « parfait » correspondant à un cercle en A. L'enseignant devant se parfaire dans tous les domaines visualisera un profil à développer, correspondant à un cercle en D.

De tels profils sont rares. Selon sa formation et son parcours, un enseignant obtient souvent un profil en étoile (ou en cerf-volant). Ci-dessus l'exemple du profil d'une jeune étudiante chinoise ayant rempli ce schéma à deux moments de son parcours : T1 – à la fin de son parcours en sciences de l'éducation en Chine où elle a obtenu son diplôme d'enseignante de FLE (parcours tracé en pointillé) ; T2 – à la fin d'un stage d'été réalisé dans une prestigieuse université d'été française, après deux ans d'enseignement du FLE en Chine (parcours tracé en trait plein).

Son séjour en France a ainsi été bénéfique dans plusieurs domaines :
– dans le développement des compétences en langue française, tout d'abord, cette enseignante chinoise a pu développer au quotidien ses capacités en matière d'interaction et de conversation orales ;
– déjà bien intégrée dans son établissement d'origine, elle s'est familiarisée avec les procédures d'auto- et d'hétéro-évaluation des cours et est prête désormais à accepter l'observation, voire l'évaluation, de ses cours par un tiers ;
– elle a découvert les tenants et aboutissants de la perspective actionnelle et est prête, dans la mesure du possible, à l'expérimenter sur le terrain chinois ;
– elle souhaite passer d'un style de cours magistral, habituel dans son établissement, à un style privilégiant l'interaction et la communication entre apprenants.

De retour en Chine, elle souhaite progresser encore et se pose ainsi la question suivante, auquel le paragraphe suivant apportera des éléments de réponse : comment devenir maintenant une excellente enseignante ?

4. Comment devenir un(e) excellent(e) enseignant(e) ?

Le test et ce profil achevés, certains enseignants, au vu de leurs résultats, se poseront en effet peut-être également la question suivante : Qu'est-ce que je dois faire pour devenir un(e) bon(ne), voire un(e) excellent(e) enseignant(e) ? C'est à eux que s'adresse cette liste des dix commandements.

Les dix commandements de l'enseignant(e) de FLE

1. Tu adhèreras à une philosophie de l'enseignement.

2. Tu évalueras les besoins de tes élèves, notamment dans l'avenir, et tu te donneras, en conséquence, des objectifs précis, si possible en accord avec eux.

3. Tu considéreras l'apprenant comme un citoyen en devenir, soucieux de s'intégrer dans la société où la langue étrangère est pratiquée.

4. Tu apprendras à l'apprenant à utiliser toutes ses ressources personnelles et tu l'aideras à se doter de véritables stratégies pour réaliser les tâches.

5. Tu doteras l'apprenant de compétences langagières et culturelles grâce aux activités que tu lui proposeras en compréhension, production, interaction et médiation.

6. Tu devras tout mettre en œuvre pour faciliter l'autonomie de l'apprenant et tu favoriseras son auto-apprentissage.

7. Si c'est pertinent dans ton contexte d'enseignement/apprentissage, tu t'approprieras le *CECR* et tu ne te limiteras pas à la connaissance des niveaux et des échelles.

8. Si c'est approprié à ton contexte d'enseignement/apprentissage, tu baseras ton enseignement sur l'*approche actionnelle* qui voit dans l'apprenant un acteur social en lui proposant de véritables tâches dans des contextes variés, professionnels et privés (se présenter, téléphoner pour prendre un rendez-vous, lire une notice d'utilisation, rédiger un courriel, un article, etc.).

9. Tu auras une vision positive de l'apprenant en utilisant ses erreurs comme moteur de l'apprentissage et en évitant de parler de fautes.

10. Tu auras une vision globale de l'enseignement des langues vivantes, dans lequel s'inscrit celui du FLE, et privilégieras le pluriculturalisme pour forger le citoyen de demain, un démocrate polyglotte, épris de liberté, tolérant, respectueux de toutes les coutumes et toutes les religions.

3

Comment organiser un cours ? Que faut-il entendre par projet d'apprentissage, projet d'enseignement et projets pédagogiques ?

« Comment organiser un cours ? » Cette question revient souvent dans la bouche des étudiants de FLE en formation initiale (Licence et Master 1). Les inviter à venir observer un cours et commenter avec eux la fiche de préparation de cours est une réponse possible, pragmatique, mais qui ne propose pas nécessairement une vue d'ensemble du processus de création pédagogique et qui, de fait, peut être difficilement transposable. C'est la raison pour laquelle une réponse en trois temps, articulée autour de trois facettes du terme *projet*[1], permet de dépasser l'anecdotique et de livrer certaines clés utiles aux (jeunes) enseignants. Chacun d'eux, comme le montre la comparaison suivante, est dans la position d'un étudiant qui arrive sur le marché du travail et qui a un

1. Le terme de projet désigne en règle générale un « ensemble d'opérations qui vise une réalisation précise dans un contexte particulier et dans un laps de temps déterminé. » (Legendre R., *Dictionnaire actuel de l'éducation*, 2e édition, Paris, Eska, *1993*). Le terme, du fait de sa définition, est en conséquence parfaitement adapté à toute situation d'enseignement/apprentissage, qu'il s'agisse d'un cours collectif ou d'une leçon particulière.

projet clair en tête – trouver un emploi qui corresponde à sa formation. Mais une fois engagé, cet étudiant sait que, s'il veut réussir, il doit s'adapter à son nouvel environnement pour satisfaire son employeur et parvenir à des résultats concrets. Il en va de même pour l'enseignant qui entre pour la première fois dans une classe. Quel que soit son public, il doit avoir un projet d'enseignement qui inclut autant que faire se peut le projet d'apprentissage de ses élèves ainsi que des projets pédagogiques ponctuels susceptibles de donner du sens aux tâches à réaliser parce que motivantes et ancrées dans la réalité du monde du travail. La réussite de sa mission est à ce prix. Il doit donc mener de front trois projets en un :

a. un projet d'apprentissage qui est le propre de l'apprenant ;

b. un projet d'enseignement, qui incorpore le premier et incombe à l'enseignant ;

c. des projets pédagogiques qui s'intègrent aux deux projets précédents.

1. Le projet d'apprentissage

Le *projet d'apprentissage* renvoie aux objectifs et aux besoins[2], aux attentes et aux intérêts des apprenants. On imagine mal par exemple un enseignant qui refuserait par principe, parce que condamnant les motivations externes, de préparer ses élèves à une certification comme le DELF ou le DALF alors que ces derniers le souhaitent. De même, serait illogique voire absurde, un enseignement sur objectifs spécifiques à l'attention de médecins qui ignoreraient le lexique médical.

Si, *a contrario*, les apprenants n'ont pas conscience de leurs besoins, ils attendent toujours un cours vivant, intégrant leurs centres d'intérêt et les technologies les plus avancées. Peut-on aujourd'hui imaginer (quand les moyens sont là, bien entendu) un enseignement sans CD-Rom, sans DVD, sans ordinateur, sans Internet ? Les apprenants attendent encore que l'enseignant prenne en compte leurs centres d'intérêt. Un enseignement destiné aux enfants doit toujours reposer sur des thèmes qui leur sont chers comme le monde animal, sur des genres de lecture qui les font rêver comme le conte. Un enseignement destiné aux adolescents doit intégrer leurs goûts pour la mode, le sport, le fantastique, les rassemblements entre copains et la musique, comme dans l'exemple suivant[3].

---

2. Voir partie 1.

3. Voir également à ce sujet Rosen É., « Bien joué ! » – Compte rendu, C. Gislon, M. G. Selle, M.-C. Jamet & A. Gruneberg, Méthode de français, Hachette FLE, *L'Information grammaticale*, n° 89, 2001.

Fenêtre sur cours 1 :
Exemple de prise en compte des goûts des adolescents

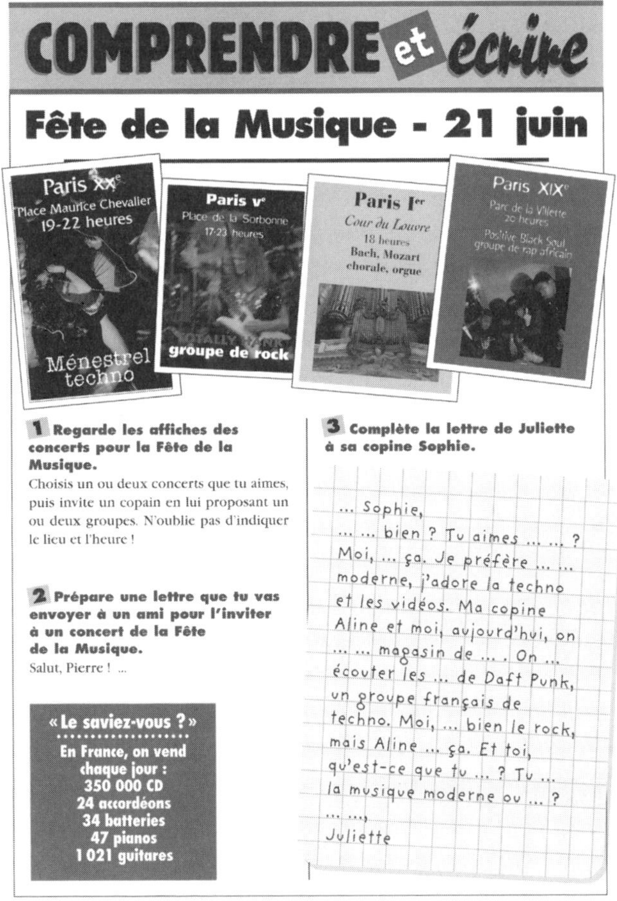

COMPRENDRE et écrire

Fête de la Musique - 21 juin

1 Regarde les affiches des concerts pour la Fête de la Musique.
Choisis un ou deux concerts que tu aimes, puis invite un copain en lui proposant un ou deux groupes. N'oublie pas d'indiquer le lieu et l'heure !

2 Prépare une lettre que tu vas envoyer à un ami pour l'inviter à un concert de la Fête de la Musique.
Salut, Pierre ! ...

« Le saviez-vous ? »
En France, on vend chaque jour :
350 000 CD
24 accordéons
34 batteries
47 pianos
1 021 guitares

3 Complète la lettre de Juliette à sa copine Sophie.

... Sophie,
... ... bien ? Tu aimes ... ... ?
Moi, ... ça. Je préfère ... ... moderne, j'adore la techno et les vidéos. Ma copine Aline et moi, aujourd'hui, on ... ... magasin de ... . On ... écouter les ... de Daft Punk, un groupe français de techno. Moi, ... bien le rock, mais Aline ... ça. Et toi, qu'est-ce que tu ... ? Tu ... la musique moderne ou ... ?
... ...,
Juliette

Gislon *et al.*, *Bien joué* 1 !, Vanves, Hachette FLE, 1999, p. 49.

Il importe donc à l'enseignant de dresser la liste de ces objectifs et besoins, de ces attentes et centres d'intérêt en procédant en début d'année scolaire soit à des échanges informels avec ses élèves soit en leur faisant remplir un questionnaire spécifique et détaillé[4] qui a le mérite de faire connaître l'opinion d'élèves timides. Les deux formules sont complémentaires et l'on peut imaginer une opération en quatre temps :

a. Complétion du questionnaire individuellement ou en groupes ;
b. Dépouillement en classe du questionnaire ;
c. Discussion sur le résultat de l'enquête ;
d. Listage des principaux points à prendre en compte dans le projet d'enseignement.

4. Pour établir ce questionnaire, voir l'exemple de grille proposé dans la partie 1.

2. Le projet d'enseignement

Le *projet d'enseignement* qui repose en partie sur le projet d'apprentissage est corseté par un certain nombre de contraintes auxquelles doit se plier l'enseignant. Enseigner à partir d'un projet d'enseignement, c'est :
– prendre en compte les Instructions officielles (I.O.) du Ministère de l'Éducation, quand cela est pertinent dans la situation d'enseignement/apprentissage, ainsi que l'horaire assigné à l'enseignement du français ;
– utiliser le manuel recommandé, voire imposé, par ce même ministère ou par l'institution, tout en essayant de respecter les motivations et les desiderata des élèves ;
– tenir compte du niveau souvent disparate des apprenants et de l'enseignement dispensé l'année précédente, si les apprenants ne sont pas des débutants complets ;
– préparer un cours ;
– évaluer régulièrement les acquis des apprenants[5] ;
– planifier les tâches à accomplir par les apprenants, individuellement ou en groupes, en dehors de la classe ;
– utiliser les ressources technologiques dont disposent l'établissement où l'on enseigne (en particulier les TICE) et les apprenants ;
– se donner les clés de la réussite.

2.1. Les I.O. et l'horaire

Les I.O., malgré le caractère obligatoire qu'induit le terme d'*instructions*, ne sont en règle générale qu'un cadre dans lequel doit se mouler l'enseignement. Le seul point noir réside souvent dans l'inadéquation entre les ambitions qu'elles affichent et le volume horaire qu'elles assignent à l'enseignement, confiant ainsi à l'enseignant une mission quasi impossible. Devant une telle situation, celui-ci peut avoir une réaction :
– négative de rejet ; il les ignore, fait un tri arbitraire, met en application celles qui lui plaisent et lui semblent convenir à son public, au risque de déplaire aux autorités de tutelle, de mettre peut-être même en danger sa carrière, voire de pénaliser ses élèves en leur donnant un enseignement qui ne s'inscrit pas dans le cursus imposé. Le résultat d'une telle attitude, plus commune qu'on ne l'imagine, engendre de graves difficultés pour l'enseignant qui prend sa relève l'année suivante, celui-ci supposant à tort que le programme de l'année précédente a été bouclé ! ;

5. Voir partie 8.

– de soumission absolue ; à vouloir appliquer à la lettre les I.O., l'enseignant ne fait qu'une partie du programme, situation catastrophique qui va aboutir au même résultat que dans le cas de figure précédent ;
– positive qui consiste à interpréter les I.O. en faisant un tri, en focalisant son enseignement sur les instructions qui lui semblent primordiales, en n'accordant qu'une attention limitée à celles qui lui paraissent secondaires. Ce faisant, il est en accord avec les autorités de tutelle pour qui les I.O. sont plus des propositions constructives ou une sorte de garde-fou, qu'une bible et il se donne la possibilité de boucler dans les délais le programme de l'année.

2.2. Le manuel, les motivations et les desiderata des apprenants

Face au manuel choisi ou imposé, l'enseignant doit avoir la même attitude positive. Il n'oublie pas que l'essentiel n'est pas le manuel mais le cours qu'il dispense à partir du manuel. Il sait que tout manuel – y compris celui élaboré localement conformément aux I.O. – est perfectible. Il a conscience que moins il est formé linguistiquement et pédagogiquement, moins il est apte à prendre des libertés avec lui. Dans le cas contraire, il peut faire du manuel une sorte de guide, de fil conducteur pour préparer un cours où il inclut les motivations et les desiderata de ses élèves en termes de thèmes, de situations de communication, d'actes de langage, de vocabulaire et de grammaire correspondant à ces situations. Il sait cependant qu'il ne peut pas prendre en considération tous leurs souhaits et il a le courage de leur expliquer pourquoi. À un ensemble d'élèves qui souhaiterait, par exemple, pratiquer uniquement la langue orale, il doit montrer la complémentarité des langues orale et écrite, expliquer tout le profit qu'on peut tirer de la langue écrite en termes d'information et de communication, notamment sur Internet (lectures de documents en ligne, correspondance avec des francophones, participation à des forums, etc.).

2.3. Le niveau souvent disparate des apprenants

Autres contraintes et non des moindres : le niveau disparate des apprenants et l'enseignement dispensé l'année précédente si les apprenants ne sont pas des débutants complets.

En début d'année, avant d'entrer dans le vif du programme, l'enseignant doit savoir si celui de l'année précédente a été achevé, si les acquis supposés l'ont été réellement. Il y a mille raisons pour que ce ne soit pas le cas : enseignant malade et non remplacé, enseignant débutant et maîtrisant mal le groupe-classe, nombreux oublis des apprenants en raison des vacances estivales, etc. En conséquence, il convient de prévoir un test qui permet de juger du niveau de connaissances et de compétences des apprenants prenant en compte l'essentiel du programme de l'année précédente. Les résultats de ce test de niveau apportent à l'enseignant des informations précieuses sur le contenu de son cours dans les premières semaines de l'année scolaire. Il sera ou non conduit à prévoir des séances de révision, voire de remédiation, avant de pouvoir entamer le programme de l'année en cours. L'enseignant peut préparer de toutes pièces un tel test ou bien s'inspirer des annales ou des ouvrages de préparation aux examens du DELF, comme l'illustre le document suivant pour un test d'entrée portant sur la réception de l'écrit au niveau A2.

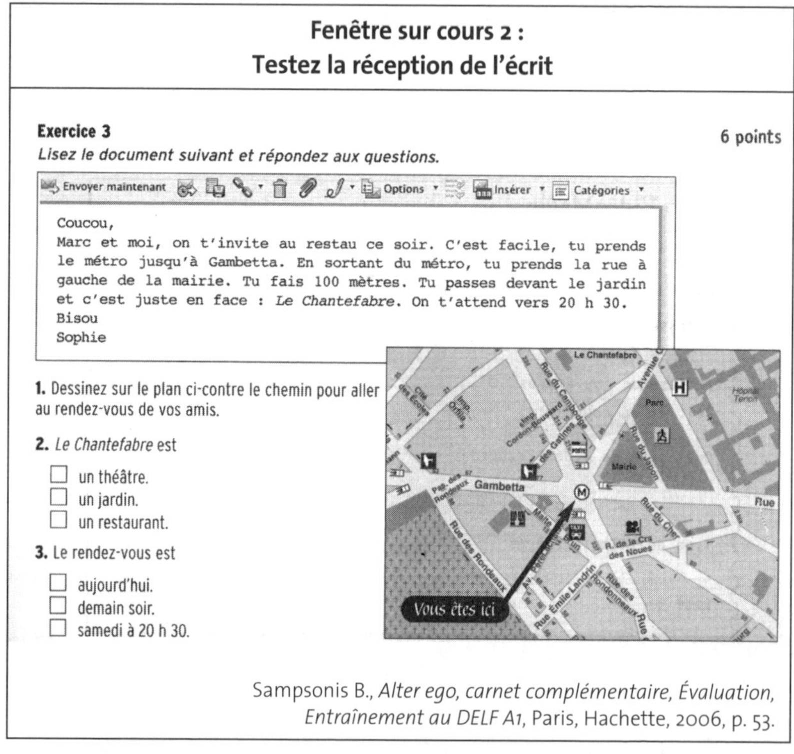

Fenêtre sur cours 2 :
Testez la réception de l'écrit

Exercice 3 **6 points**

Lisez le document suivant et répondez aux questions.

Envoyer maintenant · Options · Insérer · Catégories

Coucou,
Marc et moi, on t'invite au restau ce soir. C'est facile, tu prends le métro jusqu'à Gambetta. En sortant du métro, tu prends la rue à gauche de la mairie. Tu fais 100 mètres. Tu passes devant le jardin et c'est juste en face : *Le Chantefabre*. On t'attend vers 20 h 30.
Bisou
Sophie

1. Dessinez sur le plan ci-contre le chemin pour aller au rendez-vous de vos amis.

2. *Le Chantefabre* est

- ☐ un théâtre.
- ☐ un jardin.
- ☐ un restaurant.

3. Le rendez-vous est

- ☐ aujourd'hui.
- ☐ demain soir.
- ☐ samedi à 20 h 30.

Sampsonis B., *Alter ego, carnet complémentaire, Évaluation, Entraînement au DELF A1*, Paris, Hachette, 2006, p. 53.

Un portfolio, à condition qu'il ait été utilisé et tenu de manière exhaustive l'année précédente, peut également donner des renseignements complémentaires, qu'il s'agisse d'un portfolio agrée par le Conseil de l'Europe ou d'un portfolio proposé par certaines méthodes en fin de parcours (voir la partie 8 du présent ouvrage), comme dans l'exemple suivant.

Fenêtre sur cours 3 : Exemple d'un portfolio pour estimer son niveau en fin de parcours – niveau A2

Portfolio

Trois niveaux de réponses : **1** = un peu ; **2** = assez bien ; **3** = correctement

Et maintenant...

Qu'est-ce que je peux comprendre à l'écrit ? Je peux...	1	2	3
• comprendre des textes clairs écrits en langue courante (lettres, e-mails...)	❑	❑	❑
• trouver l'information dont j'ai besoin dans des écrits comme des enquêtes, des tableaux...	❑	❑	❑
• reconnaître les points importants dans des articles de journaux parlant de sujets familiers	❑	❑	❑
• trouver des informations précises sur des documents quotidiens (publicités, brochures...)	❑	❑	❑
• comprendre des documents simples relatifs à un travail (petites annonces, CV...)	❑	❑	❑

Qu'est-ce que je peux comprendre à l'oral ? Je peux...	1	2	3
• occasionnellement comprendre des mots inconnus grâce au contexte	❑	❑	❑
• comprendre une discussion quand on parle clairement et lentement	❑	❑	❑
• comprendre les points importants à partir d'enregistrements courts relatifs à des sujets familiers	❑	❑	❑
• comprendre suffisamment la langue pour me débrouiller dans la vie de tous les jours	❑	❑	❑
• comprendre des questions assez simples pendant un entretien professionnel	❑	❑	❑

Qu'est-ce que je peux indiquer ou exprimer à l'écrit ? Je peux...	1	2	3
• donner des informations concernant la vie quotidienne	❑	❑	❑
• exprimer brièvement mon opinion sur un sujet	❑	❑	❑
• écrire des messages simples pour demander des informations	❑	❑	❑
• donner une description simple d'événements et d'activités	❑	❑	❑
• présenter un projet en indiquant les modalités (principe, horaire, lieu...)	❑	❑	❑

Qu'est-ce que je peux présenter ou exprimer à l'oral ? Je peux...	1	2	3
• me présenter ou présenter une autre personne (goûts, comportements, habitudes vestimentaires...)	❑	❑	❑
• exprimer mon opinion sur des sujets courants	❑	❑	❑
• donner des conseils, développer des hypothèses, proposer des solutions	❑	❑	❑
• évoquer des souvenirs, parler de ma formation et de mes expériences professionnelles	❑	❑	❑
• indiquer l'origine et les conséquences d'un phénomène	❑	❑	❑
• parler de mes projets, de mes rêves, de mes préoccupations	❑	❑	❑

Qu'est-ce que je peux dire sur la France ? Je peux...	1	2	3
• donner des informations sur le cadre de vie préféré des Français	❑	❑	❑
• évoquer quelques activités de loisirs importantes, en France	❑	❑	❑
• parler de quelques particularités du système éducatif français	❑	❑	❑
• citer quelques valeurs importantes pour les Français	❑	❑	❑
• parler de quelques règles en France (comportements, tics de langage...)	❑	❑	❑
• évoquer l'opinion et l'attitude des Français par rapport aux médias	❑	❑	❑

Guédon P., *Guide pédagogique de Taxi 2*, Paris, Hachette FLE, 2003, p. 143.

2.4. La préparation d'un cours

Avoir un projet d'enseignement, c'est ensuite pour l'enseignant prendre conscience qu'un cours réussi c'est un cours préparé avec minutie à l'aide de fiches, hebdomadaires par exemple, où il planifie les tâches qu'il propose à ses élèves dans le travail d'acquisition des six aptitudes : compréhension et réception orales et écrites, médiation orale et écrite. Cette mise en fiches est obligatoire parce qu'elle permet de limiter le temps consacré à chaque séquence orale ou écrite, de prévoir quelle partie du manuel sera ou non utilisée et à quel moment, quels types de tâches viendront compléter ou remplacer celles prévues par le manuel.

Ces fiches de préparation peuvent être passées au crible d'une fiche outil qui permet de contrôler si rien n'a été oublié. Ci-dessous, un exemple de fiche outil.

Fenêtre sur cours 4 :
Extrait d'une fiche outil accompagnant la préparation d'un cours

Fiche outil : **Une préparation**	A revoir A améliorer	Fait
J'ai réfléchi aux compétences préalables nécessaires pour aborder cette séance.		
Les objectifs sont écrits.		
Les compétences travaillées sont ciblées.		
Les objectifs et les compétences sont réalistes et adéquats.		
J'ai écrit le déroulement.		
J'ai prévu les différentes formes de travail : elles sont variées.		
J'ai calculé la durée des différents temps de la séance et la durée totale.		
Je sais quels vont être mes différents rôles pendant la séance.		
Les consignes sont écrites, claires et compréhensibles.		
J'ai repéré les points qui vont certainement poser problème.		
J'ai essayé de prévoir les différentes réponses des enfants.		
J'ai envisagé plusieurs organisations/directions possibles.		
J'ai prévu l'organisation du tableau.		
J'ai rédigé ou repéré les exercices dont j'aurai besoin.		
J'ai réfléchi au matériel dont je vais avoir besoin.		
Le matériel nécessaire est prêt.		
J'ai prévu les différents supports utilisés par les enfants (ardoises, cahiers…)		

Buscaglia C. & Sanchez L., ., *Réussir sa classe tous les jours... ou presque !*, Toulouse, Cépaduès-Éditions (3e édition), 2006, p. 171.

Autant ce travail de préparation semble obligatoire, autant il paraît difficile de prévoir à l'avance plus d'une semaine de cours étant donné les aléas de la situation d'enseignement : nombre élevé d'élèves absents en raison d'une épidémie, fermeture de l'établissement à cause d'un phénomène météo, difficultés inattendues rencontrées par les apprenants sur un point précis qui nécessite un approfondissement la semaine suivante, etc.

La préparation d'un cours, c'est également prévoir régulièrement des tests, des séquences de révision, d'évaluation et de remédiation[6].

La préparation d'un cours, c'est enfin se doter d'un cadre qui permet à l'enseignant d'évoluer en toute confiance dans sa classe... et en toute souplesse. Pour que ce cadre ne devienne pas un carcan, mais qu'il permette au contraire à l'enseignant davantage de flexibilité, on peut prévoir des cours « à plusieurs vitesses », permettant à l'enseignant de s'adapter au rythme de ses élèves. C'est ce qu'illustre les fiches de cours suivantes.

Fenêtre sur cours 5 : Une fiche de préparation de cours « à plusieurs vitesses » – présentation simplifiée du contexte

Cours : français de l'économie
Durée du cours : 45 minutes
Lieu : Université appliquée de Cologne, cursus de traduction (Licence)

« Que savez-vous de notre entreprise ? »
Savoir exprimer sa motivation pour intégrer une entreprise française
lors d'un entretien de recrutement (de stage ou d'embauche)

Descriptif : Ce cours est centré sur les besoins professionnels directs des apprenants (se préparer à un entretien de recrutement) et sur le contexte local (des entreprises françaises implantées à Cologne). Conçu pour un public aux niveaux hétérogènes, il devrait permettre à chacun d'apprendre à déterminer et à exprimer les caractéristiques principales d'entreprises françaises implantées en Allemagne et à savoir mobiliser de telles connaissances pour savoir exprimer sa motivation lors d'un entretien de recrutement pour un stage ou une embauche.
Niveau : différencié
Objectifs :
• linguistique :
– utiliser le lexique de l'entreprise (maîtrise des notions et des fonctions définies dans les référentiels pour le français)
• pragmatique :
– développer des habitudes de lecture active et pratiquer la première des stratégies de lecture : le repérage
– savoir exprimer sa motivation pour une entreprise spécifique lors d'un entretien de recrutement
• socioculturel :
– connaître les caractéristiques d'entreprises françaises implantées à Cologne
Type de tâche :
– repérer une information dans un document de présentation d'entreprise
– reformuler ces informations dans le cadre d'un entretien de recrutement
Niveau taxonomique : synthèse[7]
Support : descriptifs d'entreprises françaises implantées notamment en Allemagne
Domaine : professionnel (économique)
Moyen technique nécessaire : un ordinateur relié à un vidéoprojecteur pour une présentation Power Point

6. Voir la partie 8 du présent ouvrage.
7. Selon la taxonomie de Bloom qui identifie six catégories : la connaissance, la compréhension, l'application, l'analyse, la synthèse et l'évaluation. Voir à ce sujet, par exemple, C. Tagliante (*L'évaluation et le cadre européen commun*, Paris, Clé International, 2005, pp. 26-27).

Fenêtre sur cours 6 :
Une fiche de préparation de cours « à plusieurs vitesses »

Phase du cours	Bref descriptif	Support	Type de travail
Motivation	La question principale du cours, l'une des 10 questions les plus fréquentes lors d'un entretien de recrutement : « que savez-vous de notre entreprise ? », est mise en contexte.	Document-ressource : « Les 10 questions les plus fréquentes lors d'un entretien de recrutement »[8]	Frontal, mené par l'enseignant
Découverte	Une activité de type jeu de rôles complémentaires permet de mettre au jour les principales caractéristiques d'une entreprise.	Deux canevas de jeu de rôles, permettant des interactions complémentaires	Travail par deux
Apprentissage	À partir du jeu de rôles précédent, une fiche d'identité d'entreprise type est proposée.	Fiche d'identité d'entreprise	Frontal, mené par l'enseignant
Selon le niveau des étudiants et leur rapidité, une progression modulable sera ensuite proposée, faisant appel à la phase d'application 1 et/ou 2.			
Application 1	Un exercice de réception de l'écrit, mobilisant les données d'entreprises françaises implantées à Cologne, permet de travailler avec la fiche d'identité d'entreprise.	Descriptifs d'entreprises implantées à Cologne	En groupe (selon le nombre d'étudiants)
Application 2	Un exercice d'interaction orale, mobilisant les données d'entreprises françaises implantées à Cologne, permet de travailler avec la fiche d'identité d'entreprise et d'exprimer sa motivation lors d'un entretien de recrutement.	Fiche de cours : exprimer sa motivation	En groupe (selon le nombre d'étudiants)
Conclusion	– Retour sur la question de départ ; – Travail à la maison.		Frontal, mené par l'enseignant

8. http://www.connexion-emploi.com/fr/infos/140-les-10-questions-les-plus-frequentes-lors-dun-entretien-dembauche-en-allemand

Avoir un projet d'enseignement, c'est aussi planifier des tâches à accomplir, individuellement ou en groupes, en dehors de la classe. Dans cette perspective, le travail à la maison mentionné dans le tableau précédent pourrait prendre la forme d'une enquête complémentaire à mener (sur place ou par téléphone) auprès de l'entreprise que l'étudiant a découverte pendant le cours[9].

2.5. La planification des tâches en dehors de la classe

La plupart de ces tâches s'effectue en salle de permanence ou à la maison. Elles sont axées sur l'anticipation, l'approfondissement et la révision.

Anticiper, c'est demander aux apprenants de lire attentivement la prochaine unité proposée à l'étude et de leur demander d'en faire une lecture globale à partir de questions-types comme :

– Quel est le thème de la prochaine unité ?
– Quel vocabulaire nouveau est introduit ?
– Quels faits grammaticaux sont étudiés ?
– À la fin de l'unité, quelles compétences nouvelles aurez-vous acquises ? Qu'est-ce que vous saurez faire, dans quelles circonstances ?

Approfondir un fait grammatical en classe par la réalisation de nombreux exercices d'acquisition risque de lasser les apprenants. Pourquoi ne pas donner ces exercices à effectuer en dehors de l'école après avoir fait découvrir, expliqué et fait travailler ce fait grammatical avec deux ou trois exercices seulement ?

Apprendre, c'est aussi réviser. Acte individuel ou de groupe, la révision est indispensable mais n'exige pas la présence d'un professeur. Cependant, demander de réviser, c'est faire relire les exercices corrigés qui ont fait difficulté, c'est proposer de nouvelles activités en relation avec le travail réalisé.

Ainsi, toutes ces tâches conduites en dehors de la classe permettent – surtout quand l'horaire d'enseignement est limité, comme c'est souvent le cas en FLE – l'économie de nombreuses heures d'enseignement et font gagner un temps précieux.

2.6. L'utilisation des ressources technologiques de l'établissement et des apprenants

Avoir un projet d'enseignement, c'est encore prévoir d'utiliser toutes les ressources technologiques dont dispose l'établissement où l'on enseigne (en particulier les TICE) et les apprenants.

9. Un tel travail implique notamment, par l'enseignant, la création d'un « fichier-terrain » recensant entre autres les entreprises et les locuteurs natifs prêts à coopérer (Rosen É. et Schaller P., « Pour une nécessaire contextualisation du *CECR* en milieu homoglotte », dans Blanchet P., Moore D. & Asselah-Rahal S. (dir.), 2009, pp. 160-161).

Il faut être prudent dans l'utilisation des TICE en classe de langue et éviter de sacrifier à des technologies qui peuvent être gourmandes en heures. Utiliser le TBI[10] comme un vulgaire rétroprojecteur – comme c'est encore trop souvent le cas – pour ne reproduire au tableau que des pages du manuel ne sert pas à grand chose. Mais le TBI peut s'avérer un auxiliaire précieux, à la fois source de motivation pour les apprenants et complément très utile au manuel, si l'on s'en sert pour :
– faire lire analytiquement un texte ;
– proposer de nouvelles activités stockées dans l'ordinateur ;
– diffuser un panorama afin de guider une rédaction.

De même, passer en classe un film entier pour n'en faire travailler que quelques aspects (par exemple : recherche des formulations des actes de langage, description des personnages, etc.) est une perte de temps. Mieux vaut confier à tour de rôle le DVD aux élèves et leur demander de faire chez eux le même travail. Une fois qu'ils l'ont tous visionné, une séance de synthèse est consacrée à cette tâche.

Utiliser les TICE à bon escient et à moindre coût horaire est une règle facilement applicable. Par exemple, à la suite de l'étude d'un fait grammatical en classe, on peut demander aux élèves d'approfondir cette étude en se connectant chez eux à des sites de FLE qui proposent gratuitement des exercices autocorrectifs illustrant ce même fait grammatical[11].

2.7. Les clés de la réussite

Avoir un projet d'enseignement, c'est se rappeler quelques règles d'or dictées par l'expérience :
– il faut limiter ses ambitions. Plus un projet est ambitieux, plus grands sont les risques d'échec ;

10. « Le *tableau blanc interactif* (TBI) est un dispositif alliant les avantages d'un écran tactile et de la vidéoprojection. Il est entre autres un des outils des Technologies de l'information et de la communication (TIC) et des Technologies de l'information et de la communication pour l'Éducation (TICE).
Un écran blanc tactile est relié à un ordinateur *via* un câble (généralement USB) ou sans fil. Un vidéoprojecteur se charge d'afficher l'écran de l'ordinateur, sur le tableau blanc. Il est possible d'effectuer à la main ou à l'aide d'un stylet (parfois les deux selon les modèles), tout ce qui est possible de réaliser à l'aide d'une souris, sur un format d'écran assez important (jusqu'à plus de 2 m de diagonale). Le tableau est généralement fourni avec un logiciel dédié, qui permet de dessiner dessus d'une façon adaptée à l'écran tactile. » (Wikipédia)

11. *Les sites sont nombreux. Les plus connus sont peut-être :*
www.francaisfacile.com/ : audio, orthographe, grammaire, vocabulaire, conjugaison, prononciation.
www.lepointdufle.net/ : vocabulaire français illustré, etc.
www.bonjourdefrance.com : activités d'écoute, grammaire, vocabulaire, jeux
lexiquefle.free.fr/ : lexique.

– la réussite du projet dépend étroitement de la nature des tâches qu'il suppose : plus elles sont variées et adaptées à la situation d'enseignement/apprentissage, plus il suscite l'intérêt des apprenants ;
– la réussite du projet dépend moins de la logistique (TBI, ordinateurs, DVD, etc.) que de l'atmosphère conviviale créée par l'enseignant. Plus il s'efface, plus il oublie le caractère autoritaire lié à sa fonction, plus il privilégie son rôle d'animateur, plus il a de chances de réussir dans son projet. Créer une atmosphère conviviale, propice à l'enseignement, est indispensable. Pour cela, il peut faire disposer les bureaux en arc-de cercle autour du tableau et s'installer au centre de cet arc au milieu de ses élèves. Une telle disposition permet non seulement une bonne visibilité du tableau par tous mais surtout conforte aux yeux des apprenants l'image que l'enseignant souhaite donner de lui-même, celle d'un animateur[12].

3. Les projets pédagogiques

Partie intégrante du projet d'enseignement, les projets pédagogiques trouvent leur origine dans la pédagogie active[13]. Mais qu'entend-on par projets pédagogiques ? Quels apports pédagogiques et humains peuvent-ils apporter aux apprenants ? Quels sont les écueils à éviter ?

3.1. Projets pédagogiques virtuels et authentiques

Un projet pédagogique est un projet :
– ponctuel ;
– d'une durée variable (de quelques jours à plusieurs semaines) ;
– virtuel ou authentique,
qui consiste à réaliser une tâche concrète, précise, motivante. « Il s'agit d'une forme de pédagogie dans laquelle l'apprenant est associé de manière contractuelle à l'élaboration de ses savoirs. Le moyen d'action de cette pédagogie est fondé sur la motivation des élèves, suscitée par l'aboutissement à une réalisation concrète, traduite en objectifs et en programmation. Elle induit un ensemble de tâches dans lesquelles tous les élèves peuvent s'impliquer et jouer un rôle actif, qui peut varier en fonction de leurs moyens et intérêts. La mise en œuvre d'un projet permet d'atteindre des objectifs d'apprentissage identifiables, figurant au programme d'une ou plusieurs disciplines, de développer des savoirs,

12. Voir partie 6.
13. « Pédagogie de contrat et de projet puisent peu ou prou leurs origines dans la pédagogie active qui a pour objectif de rendre l'apprenant acteur de ses apprentissages en lui apprenant progressivement à construire ses savoirs et compétences à partir de productions concrètes comme le recommandait C. Freinet (1896-1966) qui entendait faire de sa classe un véritable atelier. Cette pédagogie active a fortement marqué de son empreinte l'histoire de la didactique et est également à l'origine, par exemple, de la pédagogie différenciée ou de l'approche par compétences. » (Robert J.-P., *Dictionnaire* pratique *de didactique du FLE*, Paris, Ophrys, 2008, p. 52)

savoir-faire et savoir-être liés à la gestion de projet ainsi que la socialisation des apprenants. »[14]

Si le projet est *virtuel*, il peut s'agir par exemple :
– d'imaginer une affiche à thème (sur une ville française, son histoire, sa spécificité, ses curiosités, etc.) ;
– de préparer un voyage dans un pays francophone[15] ;
– de créer un magasin (nom, heures d'ouverture, produits proposés à la vente, recrutement du personnel, etc.), comme dans l'exemple suivant.

Fenêtre sur cours 7 :
Exemple d'un projet virtuel « Votre boutique de vêtements »

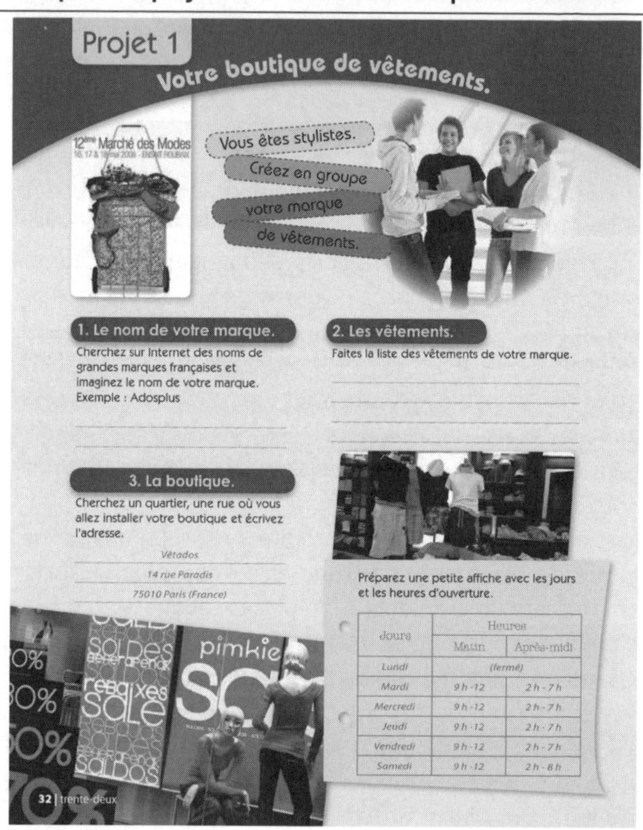

Projet 1

Votre boutique de vêtements.

Vous êtes stylistes.
Créez en groupe
votre marque
de vêtements.

1. Le nom de votre marque.
Cherchez sur Internet des noms de grandes marques françaises et imaginez le nom de votre marque.
Exemple : Adosplus

2. Les vêtements.
Faites la liste des vêtements de votre marque.

3. La boutique.
Cherchez un quartier, une rue où vous allez installer votre boutique et écrivez l'adresse.
Vêtados
14 rue Paradis
75010 Paris (France)

Préparez une petite affiche avec les jours et les heures d'ouverture.

Jours	Heures	
	Matin	Après-midi
Lundi	*(fermé)*	
Mardi	*9 h -12*	*2 h - 7 h*
Mercredi	*9 h -12*	*2 h - 7 h*
Jeudi	*9 h -12*	*2 h - 7 h*
Vendredi	*9 h -12*	*2 h - 7 h*
Samedi	*9 h -12*	*2 h - 8 h*

J.-P. Robert, M. Kosvoyanni, *Salut* ! (2), méthode de FLE pour les classes primaires, Éditions Nouvel Esprit, Athènes, 2009, p. 32.

14. H. Maga, *La pédagogie par/en/du projet : état de la question* (Synthèse de lecture) Première publication : 07/06/05, Mise à jour : 12/04/10 http://www.francparler.org/parcours/projets.htm

15. Isabelle Barrière imagine ainsi un exemple de tâche réalisable en classe de FLE à partir d'Internet ; *l'organisation d'un voyage virtuel dans un pays francophone*, tâche qui comprend trois étapes principales : le choix du pays, l'organisation du voyage, la visite du pays (voir pour plus de détail, Robert J.-P. & Rosen É., *Dictionnaire* pratique *du CECR*, Paris, Ophrys, 2010, p.144).

4. Les mannequins.

Vous cherchez deux mannequins (un garçon et une fille) pour présenter les vêtements des ados.
Vous préparez une fiche et vous passez une petite annonce dans un journal.

	Garçon	Fille
Nationalité :	française	grecque
Cheveux :	blonds	noirs
Yeux :	bleus	verts

La maison ......
cherche un mannequin garçon français
avec des yeux bleus et des cheveux blonds
et un mannequin fille grecque
avec des cheveux noirs et des yeux verts

5. La publicité.

Vous cherchez sur Internet ou dans des magazines des vêtements et vous préparez une publicité.

La mode — *Les boutiques Les boutiques Les boutiques Les boutiques*

Tu as douze ans ?
Tu veux des vêtements pas chers ?
Tu cherches un beau pull pour toi
ou pour ta copine ?
Ta boutique s'appelle Vêtados.
Adosplus, c'est la nouvelle
marque des ados !
Un ado à la mode va
et achète chez Vêtados.

PRINTEMPS
SUBLIME VOLUMES!

trente-trois | 33

J.-P. Robert, M. Kosvoyanni, *Salut* ! (2), méthode de FLE pour les classes primaires, Éditions Nouvel Esprit, Athènes, 2009, p. 33.

Si le projet est *authentique*, il peut s'agir d'/de :

– « organiser des visites en français (cinéma, théâtre, musée, exposition, etc.), des randonnées, des voyages d'études (suivre des itinéraires de découverte des lieux de vie des écrivains ou retrouver des lieux décrits dans un roman ou dans le manuel), des rencontres de personnalités francophones habitant la même ville (pâtissiers, boulangers, restaurateurs, chauffeurs de taxi, etc.), des rencontres d'écrivains, de conteurs, d'artistes... ;

– proposer des échanges : échanges de classes, mais aussi communiquer en français *via* Internet avec d'autres classes dans le monde, créer un jumelage avec une classe francophone en Afrique ou au Canada... ;

– organiser une fête en français, une rencontre gastronomique – crêpes, fromages, etc. –, cuisiner ensemble, créer un spectacle en français, etc. ;
– élaborer de vrais documents : un site Internet, la version en français du catalogue d'un musée de la ville, proposer à la mairie, à l'office de tourisme de diffuser le site de la ville en français sur Internet, etc. ;
– passer à une communication immédiate, authentique et non simulée en langue cible : écrire et publier un journal, etc. ;
– participer à des concours (les élèves communiquent à l'extérieur le résultat de leur travail, celui-ci a une finalité) »[16].

3.2. Les apports d'un tel projet

Marc Bru et Louis Not (1987) distinguent cinq principales fonctions à la pédagogie du projet [et énumèrent les avantages certains qui en découlent] :

a. Une fonction économique et de production : l'accomplissement du projet doit tenir compte des contraintes économiques, temporelles, matérielles et humaines. *Elle amène donc les formés à gérer leur environnement.*

b. Une fonction thérapeutique : *elle renouvelle l'intérêt des élèves pour l'école en leur permettant de s'engager dans une activité signifiante aussi bien sur le plan de l'apprentissage que sur celui de l'engagement social et professionnel.*

c. Une fonction didactique : *les actions nécessaires à la réalisation du projet sont le moyen de mobiliser des savoirs et savoir-faire acquis et de développer des compétences et des connaissances nouvelles.*

d. Une fonction sociale et médiationnelle : *si le projet fait appel à des partenaires, la pédagogie de projet amène les apprenants à s'ouvrir aux autres, à d'autres institutions, à être reconnus par eux. Elle amène également le groupe à partager les compétences et à confronter les avis, les opinions...*

e. Une fonction politique : *la participation active à un projet implique une vie collective. Le projet devient alors également une formation à la vie civique.*

La démarche de projet apporte des bénéfices secondaires au niveau de la gestion de la classe en permettant l'implication d'un groupe dans une expérience « authentique » forte et commune et en modifiant les rapports entre l'enseignant et les élèves (complicité, changement de rôle). »[17]

---

16. M. Boiron, *L'innovation en question(s)*, www.cavilamenligne.com/docs/innovation_en_questions.pdf
Cité dans H. Maga (*op. cit.*).
17. H. Maga (*op. cit.*).

3.3. La démarche de projet

Le référentiel proposé par l'équipe ressource de l'académie de Montpellier met par exemple en évidence les principales phases de la démarche de projet, les questions que l'enseignant doit se poser à chaque étape ainsi que les outils susceptibles de lui servir dans la réalisation de chacune des tâches[18].

Fenêtre sur cours 8 : Planifier un projet		
LES ÉTAPES DE LA DÉMARCHE DE PROJET		
ÉTAPES	**QUESTIONS**	**OUTILS, DÉMARCHES**
1. Émergence de l'idée	• Que faut-il résoudre ? • À quels besoins faut-il répondre ? • Quelle(s) production(s) attendre ?	• Recherche d'informations • Réunions professeurs-élèves
2. Analyse de la situation • Formalisation des objectifs • Inventaire des stratégies • Étude de la faisabilité	• Quel(s) objectif(s) atteindre ? • Quelles ressources employer ? • Quelles contraintes prendre en compte ? • Quelles stratégies, quelles pistes envisager ?	• Brainstorming • Outils de résolution de problème • Fiche de faisabilité
3. Choix d'une stratégie	• Quel plan d'action adopter ? • S'accorde-t-il avec l'objectif ? • Est-il réaliste ? • Quel cahier des charges établir ? • Quel contrat établir avec les élèves ?	• Fiche d'appréciation collective du projet • Cahier des charges • Fiche-contrat
4. Montage et planification du projet	• Quelles sont les étapes (activités, productions attendues) ? • Comment les organiser : acteurs (rôle, responsabilité), volume horaire pour chaque discipline ? • Comment les hiérarchiser ? • Quelle évaluation prévoir ?	• Document descriptif du projet • Planning

18. http://pedagogie.ac-montpellier.fr/Actions/ppcp/fichdem.html

5. Mise en œuvre du projet	• Comment suivre le projet ? • Quels indicateurs de réussite choisir ? • Quelle régulation, quels ajustements apporter ? • Comment garantir la cohérence entre la mise en œuvre et les objectifs ? • Quelle aide individualisée apporter ?	• Travail en équipe • Fiches de suivi des activités • Bilans intermédiaires • Cahier de bord des élèves • Grilles de suivi de l'aide individualisée
6. Bilan	• Comment évaluer le projet ? • Comment évaluer les compétences développées par les élèves ? • Comment rendre compte du projet : déroulement, résultats… ?	• Fiche d'appréciation collective du projet • Fiches d'évaluation des compétences disciplinaires et transversales • Grilles de communication orale • Synthèses écrites

3.4. Les écueils à éviter

H. Maga[19] mentionne trois écueils à éviter :

a. « Faire du projet une fin en soi… : le "produit" est la seule finalité, au détriment des apprentissages et des relations humaines.

b. Planifier à l'excès : l'enseignant ne doit pas s'accaparer le rôle de chef de projet, ses apprenants devenant des exécutants de consignes strictes.

c. Être totalement non directif : le projet s'invente au fur et à mesure sans objectifs clairement définis au départ, sous prétexte de liberté et d'initiative. »

Quoi qu'il en soit, il n'en reste pas moins que ce type de projet avec la pédagogie qu'il met en œuvre est à même de séduire nombre d'enseignants puisqu'il s'intègre facilement à n'importe quel type de projet d'apprentissage/enseignement. La pédagogie dite du

19. *La pédagogie par/en/du projet* : état de la question (synthèse de lecture), *op. cit.*

projet, que le *CECR* se contente de mentionner en passant, constitue en effet le meilleur moyen de préparer les apprenants à l'action sociale... puisqu'on privilégie en classe la réalisation d'actions sociales qui débouchent sur un résultat tangible ayant nécessité la réalisation de diverses activités et de tâches[20] ; cela semble si évident que Nunan[21] en vient à définir un projet comme l'intégration et l'imbrication de « maxi-tâches » qui peuvent être menées pendant un cours sur un semestre ou même une année[22].

4. Des projets au contrat

Projets d'apprentissage et d'enseignement mis au clair, projets pédagogiques ponctuels choisis et intégrés aux projets précédents, l'enseignant et les apprenants peuvent décider de coucher sur papier, dans la langue maternelle des élèves, les deux projets. Ces projets peuvent alors revêtir l'aspect d'un contrat (éventuellement signé des deux parties, selon les contextes), chacune d'entre elles s'engageant à respecter les termes de sa partie qui mentionne :
– les grandes lignes du programme ;
– les vœux des apprenants ;
– le respect mutuel en classe ;
– l'engagement à faire de son mieux,
afin de transformer l'espace-classe en un atelier vivant où l'apprentissage du français n'est plus ressenti comme une obligation mais comme un engagement volontaire porteur d'avenir.

20. Puren, C., « De l'approche communicative à la perspective actionnelle », *Le Français dans le monde*, n° 347, Paris, Clé International, 2006 ; Reinhardt C., « Pour une application pratique des trois compétences du *CECR* en classe », dans ROSEN É. (dir.), 2009.
21. Nunan D., *Task-Based Language Teaching*, Cambridge, Cambridge University Press, 2004, p. 135.
22. Rosen É & Reinhardt C., *Le point sur le Cadre européen commun de référence pour les langues* (2e édition), Paris, Clé International, 2010, p. 28.

4

Quels contenus enseigner ?

Les parties précédentes ont mis en évidence l'importance du choix des contenus pour aiguiser la motivation des apprenants. La présente partie vise à aller plus loin en proposant une approche systématique pour identifier, selon les contextes et les publics, les contenus adaptés[1].

Un rappel de ce que le terme de *contenus* recouvre permettra tout d'abord de faire le point avant d'entrer dans le vif du sujet : Quels contenus pour quels apprenants ? Quelle matière à enseigner ? Comment articuler *Descriptions de Niveaux de Référence* et tableau de contenus ? Quel *focus* mettre en exergue ?

1. Notre objectif est de proposer ici aux (jeunes) enseignants des outils, une technique dans la préparation, permettant d'aider les plus anxieux dans leurs premiers pas. Au fur et à mesure de l'expérience acquise, les préparations seront bien sûr moins techniques et moins poussées.

1. Le point sur le terme de *contenus*

En didactique des langues, le terme de *contenus* désigne :
– soit l'ensemble, formulé en termes d'objectifs, des connaissances et habiletés composant un objet d'apprentissage (comme le contenu du programme de français qui repose sur les Instructions Officielles) ;
– soit la teneur d'un cours qui permet d'atteindre les objectifs d'apprentissage fixés par le programme.

Les contenus d'un cours sont au programme ce qu'est le signifié au signifiant. Ils concrétisent un programme en termes de public, de projet, de représentation du monde, de matière, de programmation, de priorités, de révision et d'évaluation.

1.1. Contenus et publics

Les contenus s'adressent tout d'abord à un *public* déterminé : apprenants (enfants, adolescents, adultes), enseignants (de l'Éducation nationale, d'un institut, d'un centre culturel) relevant d'une institution (ministère, ambassade) on non (cours privés). Il convient donc que ces contenus soient adaptés :
– à l'âge, aux besoins et aux attentes des apprenants[2] ;
– à la formation des enseignants[3].

Il serait par exemple illusoire d'imposer un programme et/ou un manuel basé(s) sur les recommandations du *CECR* à des professeurs qui n'auraient jamais entendu parler du *CECR* et qui ignoreraient tout de l'approche actionnelle.

1.2. Contenus et projet commun apprenants/enseignant

Les contenus reposent ensuite sur un *projet* commun apprenants/enseignant qui peut déboucher sur la signature conjointe d'un contrat par les deux parties[4]. Ce projet, notamment dans les cours particuliers, peut prévoir l'acquisition par l'apprenant d'un diplôme comme ceux du DELF, du DALF, de la Sorbonne ou de la Chambre de Commerce et d'Industrie de Paris et orienter les contenus d'enseignement. Dans cette éventualité, il est souhaitable que l'apprenant comprenne que l'apprentissage d'une langue ne peut se limiter à l'acquisition d'un parchemin si utile soit-il, que connaître une langue, c'est élargir son horizon, c'est s'ouvrir à une autre culture, c'est développer sa person-

2. Voir partie 1.
3. Voir partie 2.
4. Voir partie 3.

nalité, c'est apprendre la tolérance, c'est accepter que par un effet boomerang sa personnalité va se transformer. En conséquence, réduire les contenus d'un cours à ceux d'une certification reviendrait à dénaturer les objectifs de l'enseignement des langues.

2. Quels contenus pour quels apprenants ?

Les contenus dépendent d'abord des apprenants, de leurs cultures, de leurs centres d'intérêt, paramètres qui influent profondément sur leur *représentation du monde*, représentation[5] qui regroupe leurs connaissances empiriques et académiques.

2.1. Les connaissances empiriques des apprenants

Les connaissances empiriques des apprenants englobent les connaissances acquises par l'expérience dans leur environnement personnel et leur langue maternelle (voire dans une autre langue), celles :
– des lieux : la maison familiale, la poste, l'usine, le bureau, l'hôpital, l'école... ;
– des institutions : les types de gouvernement, les ministères, les différentes religions... ;
– du monde du travail : les métiers et les professions, les syndicats... ;
– de la cellule familiale : les relations parents/enfants... ;
– de la vie quotidienne : les repas, les modes d'alimentation, les horaires (du lever, des repas, de l'école/du travail, du coucher)... ;
– des personnes : la famille (proche et élargie), les amis, les copains, les correspondants...
– des animaux : les chiens, les chats... ;
– des objets familiers ou non : les objets scolaires, l'appareil photo, le caméscope, l'ordinateur... ;
– des événements : la fête nationale, les anniversaires, les fêtes familiales... ;
– des actes de la vie quotidienne : entrer en contact avec quelqu'un, converser, acheter, voyager, lire un plan de ville... ;
– des textes : les informations télévisées, les journaux et les magazines, les lectures (B.D., romans, etc.), les imprimés administratifs...

Les connaissances empiriques englobent également des notions inhérentes à la langue maternelle des apprenants et à la culture qu'elle véhicule.

---

5. Voir partie 1.

Ces notions peuvent être d'ordre :
– spatial : distance, dimension, taille, température... ;
– temporel : saisons, retard, répétition... ;
– quantitatif : goût, odeur, couleur, âge...

2.2. Les connaissances académiques des apprenants

Les connaissances académiques, quant à elles, sont celles acquises dans les domaines éducationnel, littéraire, scientifique et technique sur les bancs d'une école, dans un amphithéâtre à l'université et/ou par correspondance. Elles sont souvent complétées par des savoirs personnels acquis par autodidaxie (lectures, voyages, émissions de la radio et de la télévision).

2.3. Des connaissances aux contenus

Avant de proposer des contenus, les enseignants doivent impérativement faire le bilan de toutes ces connaissances, notamment lorsqu'ils sont étrangers au milieu de leurs élèves, connaissances qui constituent autant de paramètres à prendre en compte dans l'élaboration des contenus. Une manière d'aborder de telles considérations peut se faire par le biais des « universels-singuliers », comme nous le rappelions, illustration à l'appui, dans la partie 1 du présent ouvrage.

On peut multiplier les **exemples** :

• **relatifs aux connaissances empiriques**[6] **:**

– Pour beaucoup d'apprenants africains et asiatiques, la notion de saison, inhérente à la géographie et au climat, se réduit à l'expérience des saisons sèche et humide ;

– L'idée de temps différant d'un pays à l'autre, « à demain » peut signifier au Mexique « à la semaine ou au mois prochains » ;

– Le concept de mort est synonyme de tristesse en France, de fête dans certains pays africains et asiatiques ;

– Les habitudes alimentaires varient d'une culture à l'autre et peuvent surprendre (on mange du cheval, des cuisses de grenouille, des escargots en France, du chien et du serpent en Chine, du singe en Afrique) ;

– Les horaires qui rythment la vie quotidienne en France et dans des pays méditerranéens diffèrent (on dîne en France à vingt heures, en Espagne à vingt-trois heures) ;

– La façon de se saluer, généralement brève en France, peut surprendre des Arabes pour qui elle revêt souvent la forme d'un long cérémonial ;

6. Voir aussi la partie 1 du présent ouvrage.

– La perception du monde animal varie d'un pays, d'un continent à l'autre (le chien, contrairement au chat, est souvent mal perçu dans un milieu islamique) ;
– La notion de famille à la française (nucléaire, monoparentale) peut sembler étrange à nombre d'étrangers qui en ont une idée plus large et plus généreuse. Les vieillards en Afrique et Asie sont considérés comme porteurs d'une sagesse respectable, ont leur rôle au sein de la famille et nul ne songerait à les placer dans une maison de retraite ;
– L'évolution de la société française peut choquer (comment expliquer les termes de « pacs », de « pacsés » dans des pays où le mariage est une institution, voire un sacrement ?) ;
– La notion de laïcité, très française, est source d'incompréhension dans de nombreux pays où sont encore confondues politique et religion.

• **relatifs aux connaissances académiques :**
– Un cours destiné à des juristes n'est pas un cours de droit puisque les apprenants sont spécialistes de cette discipline mais de *français juridique* au cours duquel ils vont appréhender en français une matière qu'ils connaissent ;
– Tous les apprenants ont acquis dans leur langue maternelle et peut-être dans l'apprentissage d'une première langue vivante des savoir-faire et des connaissances phonologiques, lexicales et grammaticales réutilisables en classe de FLE comme savoir lire globalement un texte écrit, prononcer correctement les nasales, utiliser les mots transparents[7] et le subjonctif, etc.

C'est à partir de cette représentation du monde avec ses points communs et ses différences entre langue source et langue cible que l'on pourra choisir les thèmes de travail qui seront abordés en cours, qui présentent une double caractéristique comme le synthétise L. Porcher[8] : « intéresser les apprenants et leur être utiles », et qui seront illustrés concrètement en cours sous la forme de « véritable cas » correspondant aux centres d'intérêt des apprenants (prendre un rendez-vous est un cas qui peut ainsi être aisément contextualisé – prendre un rendez-vous avec un/e ami/e, avec un médecin, un garagiste, une administration, etc.). Certains thèmes sont indispensables dans la mesure où ils relèvent des « pratiques culturelles » et qu'ils permettent des comparaisons systématiques avec les cultures des pays d'origine des apprenants. Le tableau suivant reprend la liste de quelques-uns de ces thèmes recensés par L. Porcher[9].

7. « Un *mot transparent* est un mot qui est le même (ou pratiquement) dans plusieurs langues différentes. Il s'agit en règle générale de mots qui ont été adoptés dans une autre langue. Exemple : français : *télécommunication*, anglais : *telecommunication*, allemand : *Telekommunikation*, portugais : *telecomunicação*. » (Wikipédia)
8. Porcher L., *L'enseignement des langues étrangères*, Paris, Hachette Éducation, 2004, p. 37.
9. Porcher L., *op. cit.*, pp. 37-38.

Tableau 1 : Des thèmes impossibles à négliger[10]	
Domaines	**Exemple de caractéristiques**
le monde de la médecine	Le monde de la médecine varie largement d'un pays à l'autre et peut, en outre, se décomposer en sous-thèmes : – relation entre malade et médecin ; – relation entre malade et hôpital ; – relation entre malade et pharmacie, etc.
le monde de l'administration	impôts, logement, permis de séjour, police, postes, mairie, pompiers, etc.
le monde des loisirs	fonctionnement des restaurants, y compris l'horaire, théâtre, pratique d'une activité sportive, spectacles, etc.
le monde de l'enseignement	fonctionnement du système, spécificité des classes préparatoires et des grandes écoles, recrutement des enseignants, place et rôle des syndicats, etc.
le monde de la voiture	garage, parking, paiement, etc.
le monde de l'habitation	achat, location, voisinage, convivialité ou isolement, quartiers, etc.

Cette représentation du monde conditionne, d'autre part, les choix de la matière à enseigner.

3. La matière à enseigner

Cette matière à enseigner se compose :
– de *notions déclinées en actes de parole* ;
– d'*éléments linguistiques* ;
– d'*éléments paralinguistiques* et *socioculturels*.

3.1. Les notions

Les *notions* – le plus souvent listées par les programmes officiels – dépendent du niveau des apprenants. En début d'apprentissage (A1), les notions les plus étudiées, en général, sont celles :
– d'identité ;
– de famille ;
– de description ;
– de goûts ;
– de vie quotidienne ;

10. En particulier quand on enseigne le FLE à un public d'adultes qui se destine à un séjour en pays francophone.

– de temps ;
– de sports et loisirs.

À chacune de ces notions correspond l'étude d'un ou de plusieurs *acte(s) de parole* :
– identité : saluer, se présenter, présenter quelqu'un, demander à quelqu'un de se présenter ;
– famille : parler de sa famille ;
– description : décrire quelqu'un, un animal ;
– goûts : dire qu'on aime, qu'on n'aime pas ;
– vie quotidienne : parler de ses activités quotidiennes, inviter quelqu'un ;
– temps : se situer dans le temps, indiquer/demander la date et l'heure ;
– sports et loisirs : parler des sports et des loisirs qu'on pratique et qu'on aime.

3.2. Les éléments linguistiques

La pratique orale et/ou écrite de chacun de ces actes de parole nécessite l'acquisition des énoncés correspondants, c'est-à-dire des *éléments linguistiques* qu'ils véhiculent en termes de phonologie et phonétique, de lexique et de grammaire. Ainsi, savoir employer l'acte de parole « dire qu'on n'aime pas », c'est maîtriser :
– le son « *je* n'aime pas » ;
– le lexique correspondant aux idées exprimées : *je n'aime pas l'école/l'hiver/la lecture* ;
– l'emploi du verbe *aimer* au présent de l'indicatif et de la négation.

La place plus ou moins importante que ces éléments linguistiques tiennent respectivement dans l'acquisition des énoncés est fonction des publics d'apprenants et de leurs langues maternelles :
– En phonologie et phonétique, un Asiatique qui parle une langue à tons[11] a beaucoup de difficultés pour parler une langue comme le français qui n'utilise que l'accent tonique, comme la majorité des langues européennes. Ainsi, le volume horaire consacré à un cours de FLE destiné à des Chinois ou des Vietnamiens doit être conséquent en phonétique.
– À l'opposé, l'enseignement du lexique français à un Italien, à un Roumain ou à un Espagnol, favorisé par l'appartenance des trois

11. Une *langue à tons*, ou *langue tonale*, est une langue dans laquelle la prononciation des syllabes d'un mot est soumise à un ton (hauteur et modulation) précis. Une seule modification de ce ton permet de prononcer un mot différent du premier. Exemples de langues à tons : les langues chinoises (mandarin, etc.), le vietnamien, le thaï, le birman, etc. Comme l'illustre ainsi Bellassen pour le chinois (1989, p.13) : « mā » (premier ton) signifie « maman », « mă » (deuxième ton) « cheval », « mà » (troisième ton) « chanvre » et « mà » (quatrième ton) « insulter » !

langues voisines/sœurs à une origine commune (le latin) ne soulève pas de difficulté particulière.

– En grammaire, de nombreuses langues, comme l'italien, le grec ou le turc, ignorent le pronom personnel sujet atone, réalité qui doit être prise en compte dans l'élaboration d'un cours destiné aux publics d'apprenants correspondants contrairement à un public anglophone puisque le pronom personnel atone existe en anglais.

La matière à enseigner comporte également une prise en compte des *données contrastives* entre le français et la langue cible.

Chaque apprenant le sait. Il commet des erreurs sous l'influence de sa langue maternelle. Ces erreurs sont appelées *interférences*[12].

Ces interférences interviennent à tous les niveaux : phonétique, grammatical, lexical. Un arabe rencontre beaucoup de difficultés avec le phonème / p / inconnu dans sa langue qu'il assimile à / b /, et prononce « baba » pour « papa » (d'autant plus que « papa » se dit en arabe « baba »). Il a aussi tendance à dire « le lune » puisque le substantif « lune » est masculin dans sa langue. Un grec peut traduire « caleçon » par καλσόν / kalçon (transcription phonétique de « caleçon ») mot emprunté au français mais dont le sens a été détourné en grec moderne pour finalement signifier : « collant pour femmes ». Ce dernier exemple illustre la définition même des *faux amis* : mots qui découlent d'une étymologie commune, qui s'apparentent par la forme, mais qui ont pris des sens différents au sein de cultures différentes[13].

3.3. Les éléments paralinguistiques et socioculturels

La matière à enseigner comporte enfin des *éléments paralinguistiques* et *socioculturels*. Les éléments paralinguistiques font partie de la communication non verbale et précisent le contenu linguistique : un geste, une mimique, une attitude (qui constituent la *gestuelle* propre aux usagers d'une langue) ont souvent plus de poids que les mots. Ces éléments paralinguistiques peuvent être des messages à eux seuls : un mouvement du visage de haut en bas peut se traduire par « d'accord », l'index sur la bouche par « chut, silence ». Bien que reconnus comme constitutifs d'une compétence de communication, ils ne sont pas pour l'instant intégrés par une théorie de l'enseignement de la communication alors qu'ils font partie intégrante de la communication orale[14]. Une sensibilisation est néanmoins proposée dans nombre de manuels, comme en atteste l'exemple p. 71.

12. Les interférences ont été mises en lumière par la linguistique contrastive qui met l'accent sur les difficultés rencontrées par un apprenant, sur la nature des fautes qu'il commet sous l'influence de sa langue maternelle. Ces difficultés et ces fautes sont appelées *interférences*.

13. Robert J.-P., *Dictionnaire* pratique *de didactique du FLE*, Paris, Ophrys, 2008, p. 50.

14. Moirand S., *Enseigner à communiquer en langue étrangère*, Paris, Hachette, collection « F », recherches/applications, 1982.

Fenêtre sur cours 1 : Gestes et attitudes

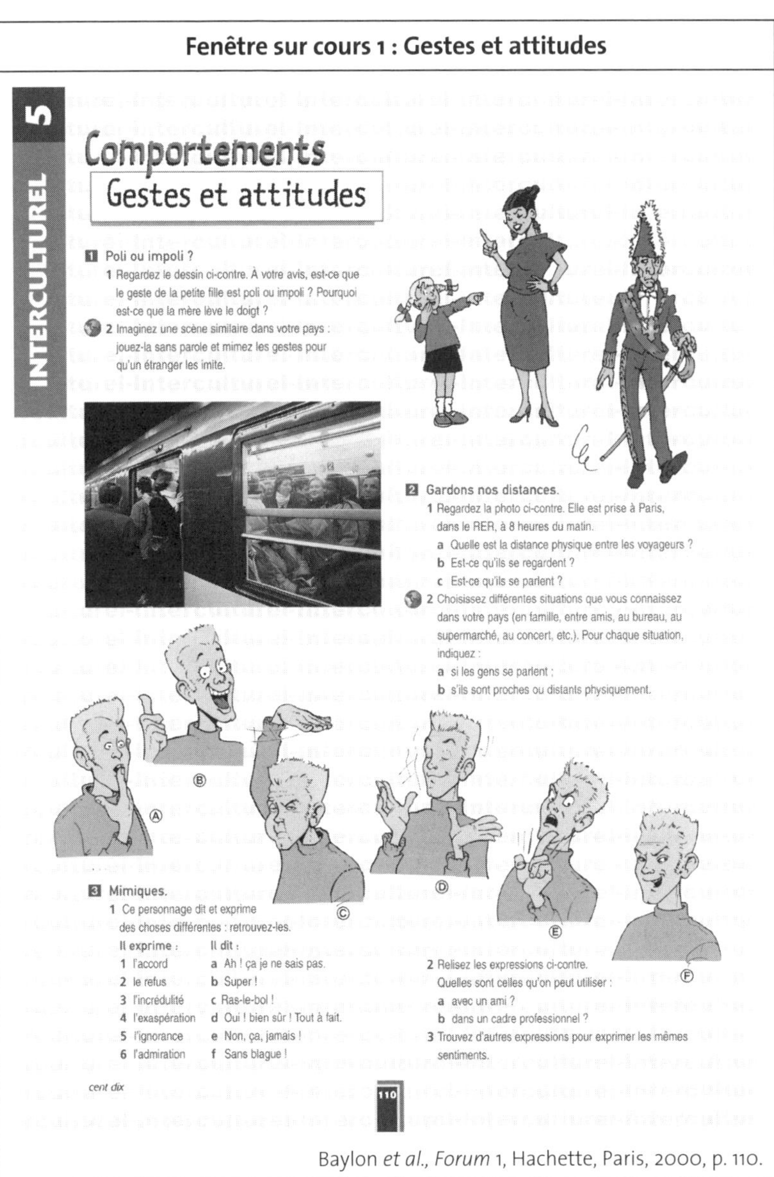

INTERCULTUREL 5

Comportements
Gestes et attitudes

1 Poli ou impoli ?

1 Regardez le dessin ci-contre. À votre avis, est-ce que le geste de la petite fille est poli ou impoli ? Pourquoi est-ce que la mère lève le doigt ?

2 Imaginez une scène similaire dans votre pays : jouez-la sans parole et mimez les gestes pour qu'un étranger les imite.

2 Gardons nos distances.

1 Regardez la photo ci-contre. Elle est prise à Paris, dans le RER, à 8 heures du matin.
a Quelle est la distance physique entre les voyageurs ?
b Est-ce qu'ils se regardent ?
c Est-ce qu'ils se parlent ?

2 Choisissez différentes situations que vous connaissez dans votre pays (en famille, entre amis, au bureau, au supermarché, au concert, etc.). Pour chaque situation, indiquez :
a si les gens se parlent ;
b s'ils sont proches ou distants physiquement.

3 Mimiques.

1 Ce personnage dit et exprime des choses différentes : retrouvez-les.

Il exprime :	Il dit :
1 l'accord	a Ah ! ça je ne sais pas.
2 le refus	b Super !
3 l'incrédulité	c Ras-le-bol !
4 l'exaspération	d Oui ! bien sûr ! Tout à fait.
5 l'ignorance	e Non, ça, jamais !
6 l'admiration	f Sans blague !

2 Relisez les expressions ci-contre. Quelles sont celles qu'on peut utiliser :
a avec un ami ?
b dans un cadre professionnel ?

3 Trouvez d'autres expressions pour exprimer les mêmes sentiments.

cent dix 110

Baylon *et al.*, *Forum* 1, Hachette, Paris, 2000, p. 110.

Dans une conversation avec un Turc francophone, celui-ci pour dire « non » peut se contenter d'un hochement de tête de bas en haut. Si son interlocuteur ignore la signification de ce geste, il ne comprend pas le message qui lui est adressé. La gestuelle, relevant de la culture véhiculée par la langue, doit donc être intégrée à l'enseignement de cette même culture.

Cet enseignement pose cependant parfois problème parce que la culture française comporte nombre de caractéristiques susceptibles de heurter la représentation du monde qu'ont les apprenants. Dans ces conditions, il revient à chaque enseignant de FLE de faire la part des choses, de se forger une opinion, de sélectionner les éléments socioculturels qu'il désire enseigner compte tenu de son public. Ce faisant, il doit garder en mémoire que si l'acquisition de compétences culturelles contribue à une prise de conscience interculturelle, à développer une personnalité plus tolérante, plus riche et plus complexe (*CECR*, p. 40), cette acquisition ne doit pas se faire au détriment des acquisitions linguistiques.

L'acquisition des compétences étant par nature un processus progressif, cette matière à enseigner est répertoriée, sous forme d'inventaire, dans des référentiels appelés DNR (*Descriptions de Niveaux de Référence*), reposant sur les niveaux du *CECR*[15] puisque ce document « *offre une base commune* pour l'élaboration de programmes de langues vivantes, de référentiels, d'examens, de manuels, etc., en Europe[16] ».

4. Programmation et choix des contenus

C'est dans ces DNR que l'enseignant va puiser les contenus de son cours (notions, actes de parole, éléments linguistiques, données contrastives, éléments paralinguistiques et socioculturels), compte tenu, d'une part, des priorités établies par les I.O. et les souhaits des apprenants, d'autre part, des contraintes horaires.

Le sommaire du DNR du *Niveau A1 pour le français (utilisateur/apprenant élémentaire)* illustre ainsi parfaitement les contenus d'un cours à ce niveau.

---

15. Le *Cadre européen commun de référence pour les langues* (*CECR*), propose dans son chapitre 3 une échelle globale « à trois niveaux généraux (Tableau 1 – Niveaux communs de compétences)

Niveau A : utilisateur élémentaire (A1, A2),
Niveau B : utilisateur indépendant (B1, B2),
Niveau C : utilisateur expérimenté (C1, C2).

échelle subdivisée en six niveaux :

A1 Niveau introductif ou découverte (anglais : *Breakthrough*),
A2 Niveau intermédiaire ou de survie (*Waystage*),
B1 Niveau seuil (*Threshold*),
B2 Niveau avancé ou utilisateur indépendant (*Vantage*),
C1 Niveau autonome (*Effective Operational Proficiency*),
C2 Maîtrise (*Mastery*),

chacun de ces niveaux pouvant à son tour être subdivisé, comme le montre par exemple ces schémas d'arborescence :

pour le A1 — ou — pour le A2
/\ — /\
A1.1 A1.2 — A2.1 A2.2

16. *CECR*, § 1.1.

Tableau 2 : Sommaire du DNR du *Niveau A1 pour le français* (utilisateur/apprenant élémentaire)

Chapitre 1	Contenus et structure du *Niveau A1 pour le français*
Chapitre 2	Spécifications générales du Niveau A1 *pour le français* : De la compétence de communication au répertoire pré-générique
Chapitre 3	Fonctions
Chapitre 4	Notions générales
Chapitre 5	Grammaire : Morphologie et structure des énoncés et des phrases
Chapitre 6	Notions spécifiques
Chapitre 7	Matière sonore
Chapitre 8	Matière graphique
Chapitre 9	Les compétences culturelles et interculturelles
Chapitre 10	Stratégies d'apprentissage

Beacco J.-C. *et al.*, *Niveau A1 pour le français. Un référentiel*, Paris, Didier, 2007.

Effectuer un zoom sur l'un de ces chapitres (en l'occurrence le chapitre 3) permettra d'illustrer concrètement ce propos.

Fenêtre sur cours 2 : Extrait du DNR du *Niveau A1 pour le français – les fonctions : « Interagir au téléphone »*

3.5.14. Interagir au téléphone

3.5.14.1. ...en répondant
Allô.
(Allô) oui.

3.5.14.2. ...en demandant à parler à quelqu'un
Je voudrais parler à N (s'il vous plaît)
Est-ce que N est là (s'il vous plaît) ?

3.5.14.3. ...en s'informant sur l'identité de l'interlocuteur
C'est de la part de ... ? / de qui ?

3.5.14.4. ...en faisant patienter
Ne quittez pas.
Un instant/un moment, s'il vous plaît.

3.5.14.5. ...en concluant la conversation
Au revoir !
À bientôt !
À demain !
À lundi/mardi...
À plus tard !
À la semaine prochaine !
Salut !

Beacco J.-C. *et al.*, *Niveau A1 pour le français. Un référentiel*, Paris, Didier, 2007, pp. 70-71.

4.1. La programmation des contenus

Une fois répertoriée globalement la matière à enseigner, l'enseignant doit la programmer dans le temps. Cette *programmation* prend

la forme d'un tableau des contenus. Deux cas de figure sont possibles :
– soit il décide de créer de toutes pièces son propre cours *in extenso* ;
– soit il décide – c'est la démarche la plus simple – d'amender le manuel mis à sa disposition et d'adapter son contenu à la situation d'apprentissage/enseignement puisqu'aucun manuel universaliste[17] ou élaboré localement ne correspond jamais à toutes les situations.

• Dans le premier cas, il doit classer, par ordre chronologique d'apparition dans le cours, les notions et les actes de parole ainsi que les contenus linguistique et culturel correspondant. Pour cela, il n'existe aucune méthode. L'approche est empirique et relève plus du bon sens que d'une méthodologie spécifique.

En règle générale, ce travail comprend quatre étapes successives :

1. Élaboration de la progression linguistique en priorité (parce que plus facile à préparer).

2. Élaboration de la progression notionnelle correspondante (en notions et actes de parole).

3. Élaboration de la progression socioculturelle en fonction de la précédente.

4. Ajustement des trois progressions à l'intérieur d'unités/leçons/thèmes constituant une histoire suivie ou non.

Avant d'élaborer le tableau des contenus de son cours, l'enseignant peut se référer à un manuel existant sur le marché et correspondant au niveau qui l'intéresse, comme dans l'exemple p. 75 ciblant le monde professionnel en français (voir Fenêtre sur cours 3).

• Dans le second cas, il suit la démarche proposée et l'adapte à son propre public : suppression d'activités difficiles à réaliser par manque de matériel didactique, ajout ou élargissement d'actes de parole, adaptation des activités au contexte local, travail complémentaire à partir de textes photocopiés, etc.

• Dans les deux cas, il doit se poser une double question :
– À quoi servent précisément ces contenus ?
– Où sont les *priorités* ? Que puis-je laisser de côté, compte tenu des contraintes horaires ?

Choisir un *focus* est une manière de répondre à cette double question.

---

17. Un manuel universaliste est un livre qui s'adresse à des publics divers tout en étant conçu pour un niveau et un groupe d'apprenants (exemple : niveau A1, adolescents). À la différence du manuel universaliste, le manuel élaboré localement est un livre qui est conçu pour un niveau et un groupe d'apprenants mais qui prend en compte la spécificité de la situation locale d'enseignement (exemple : manuels élaborés en Grèce, Italie, etc., destinés à des apprenants grecs et italiens).

Fenêtre sur cours 3 :
Exemple d'appui pour élaborer un tableau des contenus d'un cours

>>> TABLEAU DES CONTENUS >>> TABLEAU DES CONTENUS >>>

UNITÉ	TITRE	OBJECTIFS FONCTIONNELS Vous allez vous entraîner à :	OUTILS LINGUISTIQUES Vous allez utiliser :
1	UNE RENTRÉE CHARGÉE (pp. 8-23)	• demander et donner des nouvelles • décrire des tâches à faire • raconter vos vacances • saluer • souhaiter la bienvenue à quelqu'un • interpeller / attirer l'attention de quelqu'un • accepter ou refuser une proposition • présenter une personne • demander des explications sur un événement • suggérer une action à faire • décrire un fait survenu dans la vie • donner des conseils • parler d'un état physique ou mental	• le présent de l'indicatif (révision des différents emplois) • le présent continu • l'imparfait d'habitude • le passé composé et l'imparfait dans le récit • les pronoms possessifs • les pronoms personnels • l'impératif

>>> TABLEAU DES CONTENUS >>> TABLEAU DES CONTENUS >>>

COMPÉTENCES PRAGMATIQUES Pour être capable :	PRONONCIATION / PHONÉTIQUE Prononcez	REPÈRES PROFESSIONNELS REPÈRES CULTURELS
• d'échanger à propos de tâches professionnelles • d'accueillir un nouveau venu et de faire des présentations • de participer à une conversation informelle sur les événements de la vie quotidienne • de conseiller quelqu'un	• Intonation montante et descendante dans les questions	• Repères professionnels – Les congés en France – C'est la rentrée • Repères culturels Manières d'être : – Comment saluer ? – *Tu* ou *Vous* ?

Dubois A.-L. & Tauzin B., 2009, *Objectif Express* 2, Paris, Hachette, pp. 4-5.

4.2. Le choix d'un focus

Dans un cours (ou une séquence de cours), un thème – ou un problème – motivant pour les élèves est choisi par l'enseignant comme nous l'avons souligné précédemment. Une fois les contenus déterminés, c'est au tour du *focus*, le contenu que l'enseignant estime le plus important pour ce cours-ci, d'être déterminé, ce que schématise la figure suivante.

Fenêtre sur cours 4 : Choix d'un focus

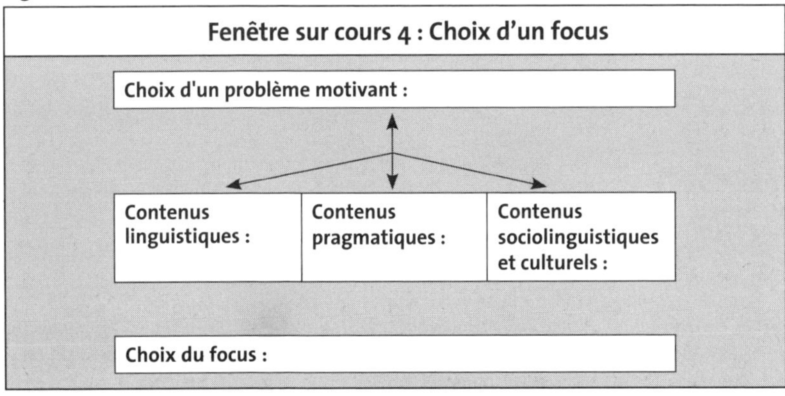

L'exemple suivant permet d'illustrer cette proposition. La situation-problème[18] est la suivante : *vous* (apprenant de niveau A1) *devez téléphoner à un ami français pour lui annoncer un événement. Comment réussir à faire passer ce message sans le recours aux gestes et mimiques qui, dans les conversations ordinaires, vous sont d'habitude d'un grand secours ?*

De nombreux manuels de FLE proposent une préparation à une telle situation-problème.

Fenêtre sur cours 5 : Le choix d'un focus – illustration 1

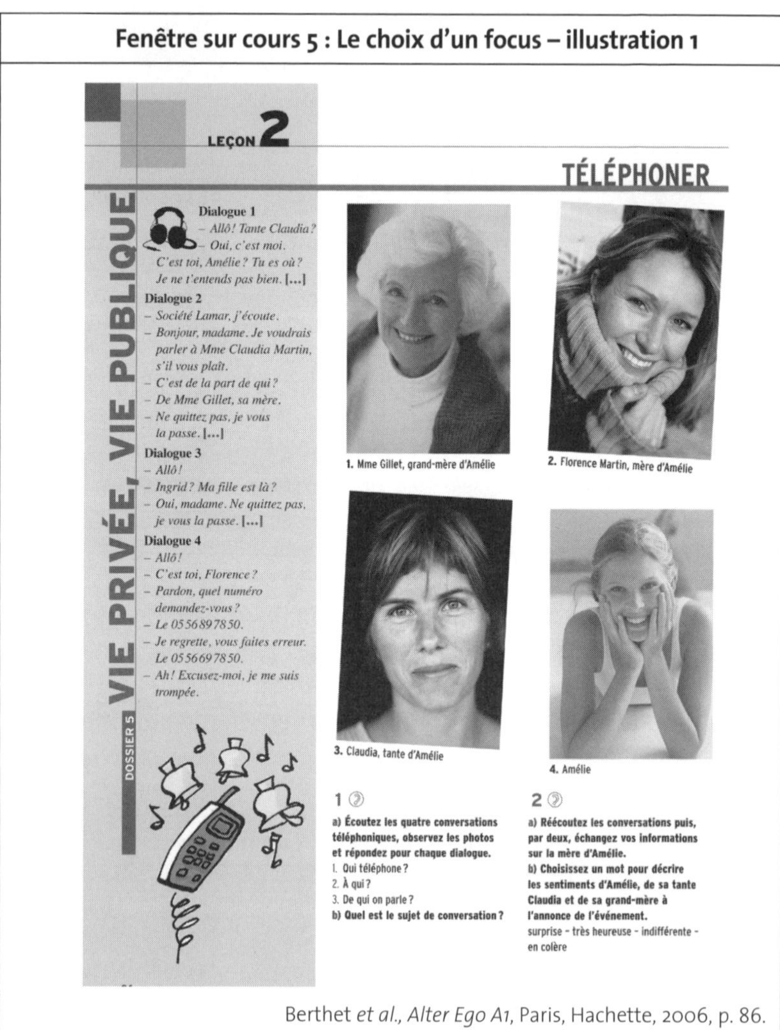

LEÇON 2

TÉLÉPHONER

VIE PRIVÉE, VIE PUBLIQUE

DOSSIER 5

Dialogue 1
– *Allô ! Tante Claudia ?*
– *Oui, c'est moi.*
C'est toi, Amélie ? Tu es où ?
Je ne t'entends pas bien. **[...]**

Dialogue 2
– *Société Lamar, j'écoute.*
– *Bonjour, madame. Je voudrais parler à Mme Claudia Martin, s'il vous plaît.*
– *C'est de la part de qui ?*
– *De Mme Gillet, sa mère.*
– *Ne quittez pas, je vous la passe.* **[...]**

Dialogue 3
– *Allô !*
– *Ingrid ? Ma fille est là ?*
– *Oui, madame. Ne quittez pas, je vous la passe.* **[...]**

Dialogue 4
– *Allô !*
– *C'est toi, Florence ?*
– *Pardon, quel numéro demandez-vous ?*
– *Le 0556897850.*
– *Je regrette, vous faites erreur. Le 0556697850.*
– *Ah ! Excusez-moi, je me suis trompée.*

1. Mme Gillet, grand-mère d'Amélie

2. Florence Martin, mère d'Amélie

3. Claudia, tante d'Amélie

4. Amélie

1

a) Écoutez les quatre conversations téléphoniques, observez les photos et répondez pour chaque dialogue.
1. Qui téléphone ?
2. À qui ?
3. De qui on parle ?

b) Quel est le sujet de conversation ?

2

a) Réécoutez les conversations puis, par deux, échangez vos informations sur la mère d'Amélie.

b) Choisissez un mot pour décrire les sentiments d'Amélie, de sa tante Claudia et de sa grand-mère à l'annonce de l'événement.
surprise – très heureuse – indifférente – en colère

Berthet *et al.*, *Alter Ego A1*, Paris, Hachette, 2006, p. 86.

18. Pour aller plus loin sur cette problématique : Louis V. & Dumortier J.-L. (dir.), « Les tâches-problèmes en didactique des langues », *Le langage et l'homme*, n° XXXXI, 2006. Voir aussi la partie 7 qui reprend ce schéma pour le compléter du point de vue de la gestion des tâches et activités correspondantes.

Fenêtre sur cours 6 : Le choix d'un focus – illustration 2

Familles d'aujourd'hui

3 

Réécoutez et identifiez la situation pour chaque conversation.

1. La personne demandée répond.
2. La personne demandée est là mais une autre personne répond.
3. La personne demandée n'est pas là et une autre personne répond.
4. La personne qui appelle a composé un faux numéro.

Point **Langue**

› APPELER/RÉPONDRE AU TÉLÉPHONE

a) Repérez dans les dialogues les formules utilisées pour demander quelqu'un au téléphone.
b) Associez les formules aux situations.

La personne demandée répond elle-même.	*Vous voulez laisser un message ?*
La personne demandée est là mais une autre personne répond.	*Je regrette, vous faites erreur. Ici, c'est le 05 56 69 78 50.*
La personne demandée n'est pas là et une autre personne répond.	*C'est de la part de qui ?*
La personne qui appelle a composé un mauvais numéro.	*Pardon, quel numéro demandez-vous ?*
	Ne quittez pas, je vous la passe.
	Oui, c'est moi.

S'EXERCER nos 1 et 2 

4 

Réécoutez la conversation entre Amélie et sa tante et répondez : Quels sont les deux événements annoncés ? Ces événements sont-ils présents, passés ou futurs ?

Point **Langue**

› LE PASSÉ RÉCENT, LE FUTUR PROCHE

a) Observez ces informations extraites des conversations téléphoniques.

Pour situer une action dans le passé immédiat, on utilise le **passé récent** :
Éric vient de trouver un travail à Nice.
Elle vient de partir.
Pour situer une action dans le futur immédiat, on utilise le **futur proche** :
Je vais quitter Bordeaux. On va habiter avec eux.
Ses enfants vont vivre avec nous aussi.

b) Trouvez la règle. Complétez.

Formation du passé récent : ... + ... + infinitif de l'action.
Formation du futur proche (rappel) : ... + infinitif de l'action.

S'EXERCER no 3 

5 PHONÉTIQUE

a) Mots différents ou identiques ? Écoutez et répondez.
b) Écoutez et repérez la phrase entendue.

1. Il tient bien – ils tiennent bien.
2. Il vient bientôt – ils viennent bientôt.
3. Il se souvient de tout – ils se souviennent de tout.
4. Elle revient tard – elles reviennent tard.

6

Jouez la scène par groupes de deux ou trois.
Vous téléphonez à un(e) ami(e) pour lui annoncer un événement.

87
Dossier 5

Berthet *et al.*, *Alter Ego A1*, Paris, Hachette, 2006, p. 87.

Le schéma précédemment proposé permet de hiérarchiser les choix des contenus à enseigner.

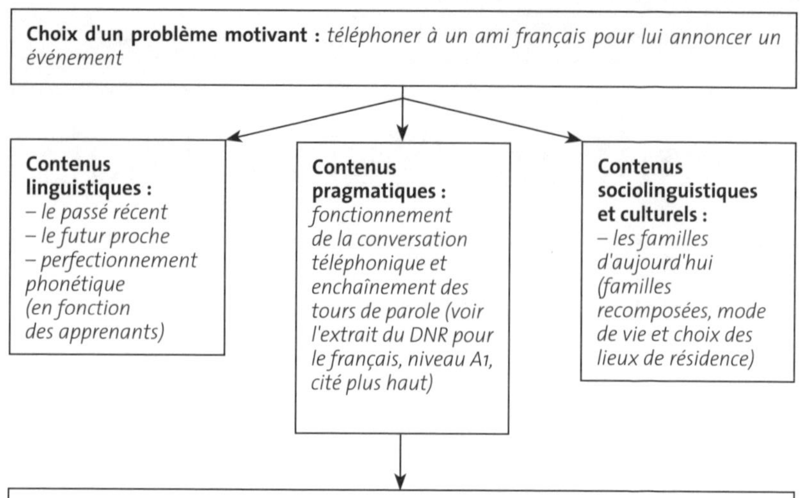

Choisir un *focus*, c'est ainsi organiser son cours selon une direction claire jusqu'à la fin de la séquence, au cours de laquelle l'apprentissage de ce *focus* est activement proposé. Les autres contenus recensés (grammaire ou phonétique) sont secondaires, l'apprentissage se fait ici « en passant » – c'est-à-dire sans insister sur les éléments linguistiques – et la progression est alors détectable sur le long terme, notamment lors de l'exécution d'une tâche plus complexe incluant ce focus.

On remarquera en outre que la pédagogie employée est liée aux contenus choisis : dans l'exemple proposé ci-dessus, la conversation téléphonique peut faire l'objet d'un jeu de rôles impliquant deux ou trois apprenants.

Ce qui amène la réflexion fondamentale suivante : ces contenus servent moins à faire acquérir des connaissances que des compétences, à travers l'appropriation des savoir-faire correspondant.

4.3. Contenus et savoir-faire

En effet, « la notion de connaissances, longtemps cantonnée aux contenus, s'est élargie aux *savoir-faire*. *À la tête bien pleine* s'oppose *la tête bien faite* et, schématiquement, on peut dire que si connaissance rime avec mémoire, savoir-faire rime avec intelligence. L'acte d'apprendre faisant appel conjointement à la mémoire et à l'intelligence, l'enseignement interpelle à la fois la mémoire de l'apprenant quand il lui apporte un *savoir* (en phonétique, en grammaire, en vocabulaire), son intelligence quand il lui donne des *savoir-faire* – savoir utiliser en situation un acte de parole (comme demander un prix dans un magasin), mettre en œuvre une stratégie (comme inférer), utiliser une technique (comme repérer) –, c'est-à-dire des *habiletés* pour adapter sa conduite à chaque situation (souvent imprévue) d'oral ou d'écrit, la somme de ces acquisitions participant à la construction [de ses compétences][19] ».

En conséquence, l'enseignant doit absolument privilégier l'appropriation des savoir-faire sur celle des connaissances. L'étude du français étant l'affaire de plusieurs années, voire de toute une vie, l'apprenant au fil de ses lectures, de ses voyages, de ses rencontres avec des francophones, peut développer – seul – mois après mois, année après année, ses connaissances mais le rythme d'acquisition de ses connaissances et leur emploi en situation sera principalement fonction de sa maîtrise des savoir-faire acquise avec son enseignant. Plus il a appris à savoir faire, plus vite il engrange des connaissances, plus rapidement il accède à son objectif final, être autonome.

4.4. De la révision à l'évaluation

Tout apprentissage étant basé sur la répétition et la mémoire, il faut prévoir dans les contenus une procédure de *révision* destinée à faire intégrer par l'apprenant connaissances et savoir-faire récemment acquis.

La révision peut être intégrée au cours lui-même sous la forme d'une spirale, technique qui permet, après l'étude d'un fait linguistique (acte de parole/point grammatical) de le faire réviser plusieurs fois. Une spirale comprenant trois faits linguistiques A, B, C peut revêtir la forme suivante :

- unité 1 : A (étude) ;
- unité 2 : B (étude), A (révision) ;
- unité 3 : C (étude), B, A (révision), etc.

Elle peut également faire l'objet d'une leçon spécifique/d'une séance palier et/ou – solution plus économique – d'un travail personnel de l'apprenant à l'extérieur de la classe, à la maison ou au labo[20].

Enfin, une place importante des contenus doit être réservée à l'*évaluation* périodique des compétences des apprenants[21].

19. Robert J.-P., *op. cit.*, 2008, p. 46.
20. Voir Partie 3.
21. Voir Partie 8.

5

Quelle approche choisir ?

En préalable à cette partie, citons ce dialogue sur le vif, dans une salle des enseignants de FLE, en début de semestre :
– « Et toi, t'es plutôt communicatif ou actionnel ? »
– « Actionnel » aura tendance à répondre le jeune enseignant tout juste sorti du Master 1 FLE, en réponse à cette question ayant fusé en salle des professeurs.
– « Et vous ? » demande-t-il par politesse à l'auteur de la question.
– « Oh, moi, tu sais, j'en suis encore à l'ère de l'audiovisuel », répond le doyen du groupe, déclenchant les rires...

Un tel échange peut facilement engendrer la confusion du nouvel enseignant, étonné de constater dès son premier jour de classe que certains collègues, d'une part, n'ont pas encore adopté le *CECR* et l'approche actionnelle et qu'ils peuvent, d'autre part, continuer à mettre en œuvre des pratiques d'un autre siècle (c'est-à-dire du XXe siècle !). Quelles raisons peuvent bien pousser ce collègue (pourtant très apprécié des étudiants) à enseigner ainsi – est-ce seulement lié à un refus d'innover ? Comment gère-t-il sa classe ? Autant de questions auxquelles le présent chapitre tente de répondre, en mettant en évidence par des illustrations (articulées autour du thème médical) tout d'abord les spécificités des différents courants en insistant sur le rôle particulier tenu par l'enseignant et sur le type de matériel didactique utilisé, puis en plaidant pour une approche pragmatique et éclectique[1], « à la croisée des méthodes » pour reprendre l'expression de Puren – c'est-à-dire ici basée sur la perspective actionnelle (elle-même n'étant qu'une étape dans ce parcours) et les méthodes qui l'ont précédée (parfois encore en usage selon les pays, les institutions et les professeurs) –, plaidoyer illustré d'un exemple concret d'unité d'enseignement.

1. Rappel de la définition

Le *Dictionnaire actuel de l'éducation*[2] définit le terme *approche*, qui vient de l'anglais *approach*, comme la « base théorique constituée d'un ensemble de principes sur lesquels repose l'élaboration d'un programme d'études, le choix de stratégies d'enseignement ou d'évaluation [...] ».

2. Les différentes approches

Cette base théorique, appliquée à l'enseignement des langues étrangères, a pris la forme de différentes méthodes appelées, pour certaines d'entre elles, approche(s)[3]. Ainsi sont apparues par ordre chronologique tout en se chevauchant[4] :

– la méthode traditionnelle (jusqu'à la moitié du XXe siècle) ;

---

1. « Il y a perception d'éclectisme en effet lorsque les types de pratiques observés sont plus nombreux et diversifiés que ceux prévus par la méthodologie constituée servant de référence à l'observateur » (Puren C., *La didactique des langues étrangères à la croisée des méthodes. Essai sur l'éclectisme*, Paris, Didier, 1994, p. 8). Faire classe, c'est ainsi combiner différentes manières de faire, différents gestes professionnels, dont la cohérence réside dans un apprentissage réussi.

2. Legendre R. (dir.), Paris, Eska, 1993, p. 76.

3. Il est difficile de distinguer le terme d'*approche*(*s*) de celui de *méthode*. Pour aller à l'essentiel, disons que le terme d'*approches* est dénué, contrairement à celui de *méthode*, de connotation injonctive comme le montre cette définition proposée pour « approche » par le *Trésor de la langue française* : « Voie (souvent tâtonnante et où la méthode se cherche en même temps que l'objet) par laquelle on cherche à cerner un problème complexe. » (Site : http://atilf.atilf.fr/dendien/scripts/tlfiv4/showps.exe?p=combi.htm;java=no) ; *Méthode* a également le sens de matériel, outil pédagogique. Elle se doit d'aider l'enseignant à fixer « une ligne de marche ». La présence d'une méthode définie sera importante et sécurisante pour les apprenants et l'enseignant. À distinguer de *méthodologie* (de *courant méthodologique*), cet ensemble de procédés, pratiques et principes théoriques relatifs à l'enseignement/ apprentissage des langues (*site :* ead.univ-angers.fr/.../INITIATION_DIDACTIQUE_LANGUES_L3.doc). À signaler également que, selon les pays, certaines méthodologies dominent, pour l'ensemble des LVE, et qu'un professeur de français ne peut les ignorer. Un professeur d'anglais en France s'inscrit ainsi forcément dans les courants méthodologiques dominants qui prévalent en France.

4. Il était impossible dans le cadre de ce livre de prendre en compte toutes les méthodes/ approches qui ont enrichi l'enseignement des langues vivantes : approche(s) cognitive(s), approche naturelle, relationnelle, etc. On s'est donc limité aux plus connues et aux éléments qui servaient notre objectif – connaître la teneur des approches précédentes pour être en mesure de pratiquer un éclectisme éclairé (pour aller plus loin, voir Germain C., *Évolution de l'enseignement des langues : 5000 ans d'histoire*, Paris, Clé International, 1993).

– la méthode directe (début du XXe siècle) ;
– la méthode active (moitié du XXe siècle) ;
– les méthodes audio-orale et audiovisuelle (à partir de 1950) ;
– l'approche communicative (dans les années 1970) ;
– la perspective/approche actionnelle (dans les années 2000)[5].

L'essentiel de ces approches va être présenté et illustré dans les pages suivantes. Le schéma ci-dessous permet d'ores et déjà de percevoir le mouvement d'ensemble et d'ancrer repères et mots-clés[6].

Tableau 1 : Évolution historique des approches en didactique du FLE en France – mouvement d'ensemble

	ORIENTATION OBJET (LE CONNAÎTRE)					ORIENTATION SUJET (L'AGIR)
APPROCHE PAR...	1 LA GRAMMAIRE	2 LE LEXIQUE	3 LA CULTURE	4 LA COMMUNICATION 4.1	4.2	5 L'ACTION
SUPPORTS	phrases isolées d'exemples	documents visuels (représentations) et textuels (descriptions)	documents textuels (récits)	documents audiovisuels (dialogues)	tous types de documents, y compris authentiques	documents produits par les apprenants eux-mêmes pour réaliser leur projet
ACTIVITÉS	comprendre, produire	observer, décrire	analyser, interpréter, comparer, extrapoler, transposer, réagir	reproduire, s'exprimer	s'informer, informer	agir, interagir
HABILETÉS	CE	EO	combinaison CE-EO	combinaison CO-EO	juxtaposition variées CE, CO, EE, EO	articulations variées CE/CO/EE/EO
MÉTHODO-LOGIE DE RÉFÉRENCE	« méthodologie traditionnelle »	« méthodologie directe »	« méthodologie active »	« méthodologie audiovisuelle »	« approche communicative »	« perspective co-actionnelle »
PÉRIODES	1840-1900	1900-1910	1920-1960	1960-1990	1970-1990	2000-?

Avant d'entrer dans le détail de ces méthodes, il n'est pas inutile de rappeler l'avertissement de Galisson[7] selon lequel « chaque méthodologie est un produit non biodégradable qui laisse toujours des traces ».

2.1. La méthode traditionnelle

La méthode traditionnelle appelée également méthode *grammaire / traduction*, « directement inspirée de l'enseignement du latin, a été dominante du milieu du XIXe siècle jusqu'au XXe (années 40/ 50), avec des cas de survivances actuelles. Elle vise la maîtrise de l'écrit littéraire. L'acquisition de la langue se fait par un enseignement de la grammaire,

5. Cette présentation des approches s'appuie notamment sur l'article de C. Puren, *L'évolution historique des approches en didactique des langues-cultures, ou comment faire l'unité des « unités didactiques »* (2004) www.mayeticvillage.fr/UJMrechercheFLE. Voir également à ce sujet les écrits d'Henri Besse, par exemple *Méthodes et pratiques des manuels de langue* paru en 1985 chez Didier.
6. Puren C., *op. cit.*, 2004.
7. Gallisson R., *D'hier à aujourd'hui la didactique générale des langues étrangères : du structuralisme au fonctionnalisme*, Paris, Clé International, 1980.

par la pratique d'exercices de thèmes/versions et par l'explication de textes littéraires. La langue n'est pas enseignée dans le but de communiquer, mais plus comme discipline intellectuelle »[8]. Dans la méthode traditionnelle, le mot-clé est grammaire. Les propositions de Candido Ghiotti, cette « figure emblématique du professeur de français » en Italie à la fin du XIXe siècle, viennent illustrer concrètement cette démarche.

Fenêtre sur cours 1 :
Grammatica ragionata della lingue francese

La méthode de Ghiotti est comparative : l'italien servant de base à l'enseignement du français, cela permettra aux élèves de saisir et de comprendre les rapports qui existent entre les deux langues. Cette méthode est également rationnelle : en enseignant, Ghiotti s'est rendu compte que les élèves veulent « connaître les causes » des règles qui leur sont enseignées, c'est pourquoi il a conçu un cours de « lezioni ragionate » (leçons raisonnées) qu'il a regroupées dans un « cahier de grammaire : c'est là l'originalité de sa grammaire car, déclare-t-il, l'édition de 1868 est le reflet fidèle de ce cahier de grammaire (qu'il dicte en classe), si l'on excepte les notes qui remplacent les observations et les explications verbales. À la fin de chaque leçon de grammaire, Ghiotti introduit deux traductions en français, deux thèmes. Le premier est une traduction interlinéaire à laquelle l'auteur ajoute les mots qui ne se rapportent pas aux règles exposées précédemment, et cela d'autre part, « pour ne pas distraire l'esprit des élèves dans la traduction qu'on leur donne », tout de suite après l'explication des règles ; d'autre part pour offrir des exercices qui puissent être faits oralement comme préparation à la seconde traduction qui se fera par écrit. Le second thème est proposé « sans la partie matérielle du lexique et cela pour habituer les élèves à la recherche, au choix logique des mots, car l'utilisation du dictionnaire a aussi ses difficultés qu'il faut surmonter par la pratique.

Merger M.-F., « Candido Ghiotti : une figure emblématique du professeur de français (Italie, fin XIXe siècle) », *Documents pour l'histoire du français langue étrangère ou seconde,* n° 35, Lyon, SIHFLES, 2005.

Quel est le rôle de l'enseignant dans une telle méthode ? « Dans la méthode grammaire-traduction, l'enseignant est vu comme le personnage dominant dans la salle de classe. Il est considéré à la fois comme le détenteur du savoir (c'est-à-dire de la "bonne réponse") et de l'autorité. L'apprenant doit exécuter ce que le maître dit de faire :

8. Glossaire : http://www.lb.refer.org/fle/divers/glossaire.htm

il n'a pratiquement aucune initiative. Le rôle de l'enseignant consiste tout d'abord à choisir les textes à faire étudier. Il doit aussi préparer des questions portant sur la compréhension des textes choisis, et des questions permettant de faire le lien entre le contenu du texte et l'expérience personnelle de l'apprenant. Il doit aussi préparer des exercices (des "exercices à trous", par exemple). En salle de classe, l'enseignant pose des questions aux apprenants à tour de rôle, assigne des tâches (par exemple, "lire tel extrait du texte"), au besoin fournit la bonne réponse, explique les règles de grammaire, et fait faire des exercices »[9].

2.2. La méthode directe

S'inscrivant en réaction, « la *méthode directe* – son nom l'indique – se caractérise d'abord par un refus, dès qu'il s'agit d'apprendre une langue étrangère, de cet exercice "indirect" qu'est la traduction. Au lieu d'établir dans l'esprit de l'élève, par la pratique du thème et de la version, un réseau d'équivalences entre langue étrangère et langue maternelle [...], la méthode directe recherche un contact sans écart et sans intermédiaire entre la langue étrangère et les réalités référentielles.

On se propose alors de placer l'élève dans "un bain de langage" et de reproduire dans la classe des conditions d'acquisition aussi "naturelles" que possible : on pense que, de même que l'enfant apprend sa langue maternelle à force d'y être exposé, de même le candidat à la maîtrise d'une langue étrangère n'atteindra son but que si l'enseignement lui donne l'occasion d'une pratique constante. [...] Le recours est apparemment simple : en montrant un objet ou en accomplissant une action quelconque, le professeur propose simultanément un énoncé dans la langue étrangère. Le maître d'anglais ouvre ostensiblement la porte et déclare tout aussi ostensiblement *I open the door*, il demande à un élève de se mettre sous la table et commente à l'attention de tous *The pupil is under the table.*[10] » Dans la méthode directe, **le mot-clé est *lexique***. Comme l'illustre le document p. 86 datant de 2008, c'est une approche qui perdure.

9. Germain C., *op. cit.*, 1993, p. 104.
10. Ali Bouacha M., *La pédagogie du FLE*, Paris, Hachette, 1978, pp. 12-13.

Fenêtre sur cours 2 : Illustration de la méthode directe – le lexique de la visite médicale

	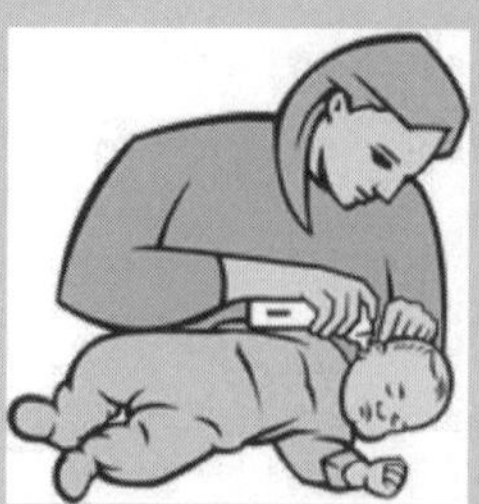	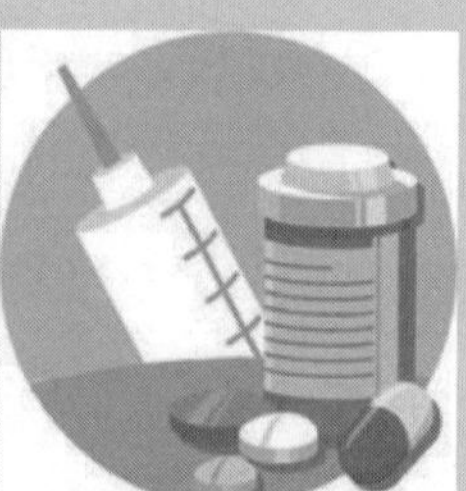
le docteur	**examiner**	**le médicament**
Julie va chez le **docteur**.	Le médecin **examine** le bébé.	Si Julie est malade, elle aura des **médicaments**.
	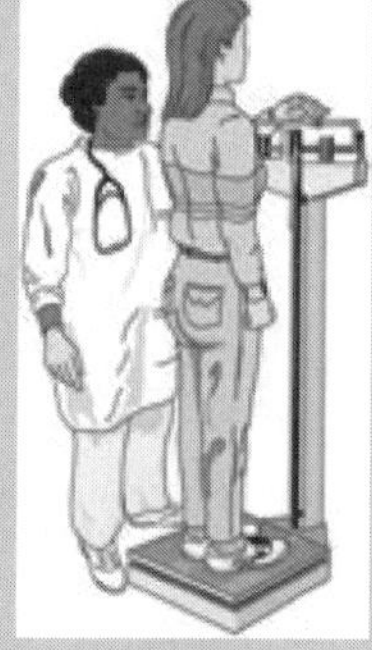	
une infirmière	**peser**	**mesurer**
L'**infirmière** aide le docteur.	L'infirmière **pèse** Jennifer	Elle **mesure** Julie.
	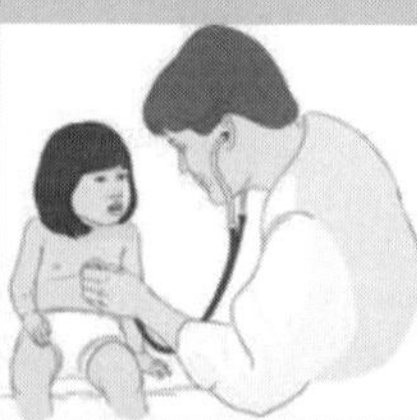	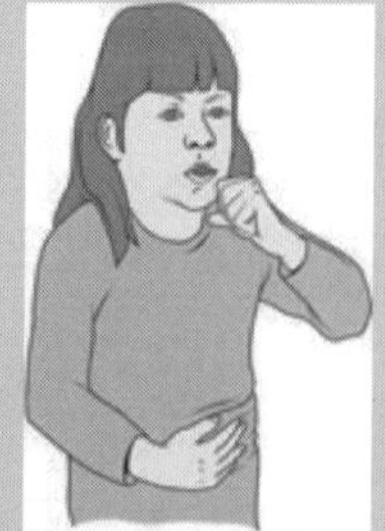
vérifier	**ausculter**	**tousser**
Le médecin **vérifie** les oreilles.	Ensuite le docteur **ausculte** Julie.	Julie **tousse**.

http://www.tolearnfrench.com/exercises/exercise-french-2/exercise-french-48049.php

Le document visuel permet ici à l'apprenant d'observer puis de décrire la visite médicale. L'expression orale, fondée sur la maîtrise du lexique, est au cœur de la démarche.

Quel est ici le rôle de l'enseignant ? « L'enseignant démontre, soit à l'aide d'objets ou d'images : il ne traduit pas et n'explique pas. Il dirige les activités de la classe mais laisse une certaine initiative à l'apprenant. Comme l'usage exclusif de la L2 est préconisé, l'enseignant se doit de bien maîtriser la langue cible. C'est l'enseignant qui sert de modèle linguistique à l'apprenant »[11].

2.3. La méthode active

S'inscrivant dans une vague de refus de la méthode directe (notamment la nécessité pour les enseignants de maîtriser la langue orale sans pour autant qu'un recyclage des enseignants soit proposé), « la méthode active [se propose de mettre en œuvre] tout ce qui permet de susciter et maintenir l'activité de l'apprenant, jugée nécessaire à l'apprentissage (choisir des documents intéressants, varier les supports et les activités, maintenir une forte "présence physique" en classe, faire s'écouter et s'interroger entre eux les apprenants, etc.) »[12]. Parmi tous les apports de cette méthode, l'un des plus significatifs est la réhabilitation de la lecture littéraire. « Après la parenthèse de la Méthode Directe du début du siècle, il s'agissait de réhabiliter la lecture littéraire, mais en donnant à l'élève une place de "lecteur actif" au lieu de le cantonner dans l'acceptation passive de la lecture "officielle" du maître. On voulait que l'élève lise effectivement, qu'il montre ce qu'il lisait et comment il le lisait. L'objectif de cette méthode est de bien éduquer les futurs citoyens. Ainsi, l'école forme à la lecture sociale, et l'élève lira plus tard comme l'école lui a appris à le faire. »[13] Dans cette perspective, **le mot-clé est *culture***. L'ouvrage le plus connu qui a illustré la méthode active est le *Cours de langue et de civilisation françaises* de G. Mauger (1re édition, 1953), manuel officiel de l'Alliance française et *best-seller* mondial des manuels d'enseignement du Français Langue Étrangère pendant deux décennies.

11. Germain C., *op. cit.*, 1993, pp. 128-129.
12. Cuq J.-P. (dir.), *Dictionnaire de didactique du français langue étrangère et seconde*, Paris, Clé International, 2003, p.164.
13. *L'enseignement de la littérature selon la perspective actionnelle. Que pourrait être une « tâche littéraire » ?*
J.-M. Luscher, université de Genève, eprints.aidenligne-francais-universite.auf.org/137/1/_.pdf

Fenêtre sur cours 3 :
Illustration de la méthode active – l'hôpital

GRAMMAIRE

	C'est... que
J'habite *à Paris*.	**C'est** *à Paris* **que** j'habite.
Je viens *du Canada*.	**C'est** *du Canada* **que** je viens.
Je suis sorti *avec mon père*.	**C'est** *avec mon père* **que** je suis sorti.

C'EST... QUE met *en vue*, fait *ressortir* un complément.

Un accident. L'hôpital

La semaine dernière, Hélène revenait du marché avec sa mère, quand un gros chien, courant sur le trottoir, l'a jetée à terre. Mme Vincent **a eu peur,** car la petite avait une **plaie** rouge au genou droit. [C'est] *dans une* **pharmacie** [que] Mme Vincent a d'abord conduit sa fille. Le **pharmacien** lui a fait un **pansement,** puis Mme Vincent a ramené Hélène à la maison. Pendant la nuit la fillette a mal dormi. Elle avait de la **fièvre.** Le **thermomètre** est monté à 39 degrés.

Le lendemain, un **médecin,** le docteur Meunier, est venu. Il a **examiné** Hélène : « Je ne vois pas de **fracture** (f.), a-t-il dit à M. Vincent, mais il faut **radiographier** la jambe. Conduisez votre fille à l'Hôtel-Dieu. [C'est] *là* [qu'] on fera la radio. Je ne fais pas d'**ordonnance** (f.) ; je ne donne aucun **médicament** pour aujourd'hui. »

A l'hôpital, Hélène a vu de grandes **salles** pleines de **malades** (m.), d'**infirmières** (f.) qui les **soignent** et de **chirurgiens** (m.) en blouses blanches. Enfin on l'a menée dans la salle de **radio,** on l'a couchée sur un petit lit, sous une grosse machine.

Maintenant, le docteur Meunier est content : la radio ne montre aucune fracture et Hélène recommence à sauter et à courir. Elle est **guérie.**

Tous les hommes ≠ aucun homme.
Tout le monde ≠ personne.
Aucun homme = personne.

Mauger G., *Cours de langue et de civilisation françaises I*, 1953 p. 176.

Le rôle de l'enseignant est ici de montrer à l'aide d'objets, d'images ou de dessins au tableau ; il mime, il ne traduit pas et se doit de bien maîtriser la langue cible.

Il peut suivre le plan de leçon suivant :

1. la lecture du texte ;
2. le vocabulaire ;
3. la leçon de grammaire ;
4. les exercices.

Procédant selon un jeu de questions-réponses en utilisant exclusivement la L2, l'enseignant va inciter l'apprenant à s'autocorriger.

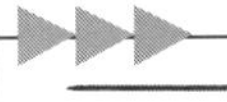

☆ *PRONONCIATION*

Une plaie rouge [yn plɛ· ru:ʒ]	Le pharmacien a fait un pansement [lə farmasjɛ̃ a fɛ œ̃ pɑ̃smɑ̃]	La fracture [la frakty:r]	Radiographier la jambe [radjɔgrafje la ʒɑ̃:b]
Faire une ordonnance [fɛ:r yn ɔrdɔnɑ̃:s]	Donner un remède, un médicament [dɔne œ̃ rmɛd œ̃ medikamɑ̃]	Une infirmière [yn ɛ̃firmjɛ:r]	Un chirurgien [œ̃ ʃiryrʒjɛ̃]

CONVERSATION

A) **1.** D'où Hélène revenait-elle ? — **2.** Avec qui revenait-elle ? — **3.** Qu'est-ce qui est arrivé ? — **4.** Pourquoi Mme Vincent a-t-elle eu peur ? — **5.** Où a-t-elle conduit sa fille ? — **6.** Qu'a fait le pharmacien ? — **7.** Pourquoi Hélène a-t-elle mal dormi pendant la nuit ? — **8.** Qui est venu le lendemain ? — **9.** Qu'est-ce que le médecin a dit ? — **10.** Où a-t-on conduit la petite fille ? — **11.** Pourquoi ? — **12.** Qu'a-t-elle vu à l'hôpital ? — **13.** Comment va Hélène maintenant ?

B) Posez toutes les questions possibles sur la première phrase de la lecture, puis sur la deuxième phrase, etc.

► *EXERCICES* ◄

I) *Au commencement des phrases,* **mettez :** C'est ... que avec les mots en caractères droits. (Ex. : *Hélène a eu un accident* la semaine dernière. C'est la semaine dernière qu'*Hélène a eu...*) *Hélène revenait du marché* avec sa mère. — *Elle est tombée* sur le trottoir. — *Hélène avait une plaie au* genou droit. — *On l'a menée* chez le pharmacien. — *On l'a transportée* à l'Hôtel-Dieu *pour la radiographier.* — *On l'a étendue* sur un petit lit.

II) **Mettez :** C'est que *avec les expressions* en caractères droits :
(Ex. : *Je n'habite pas là; j'habite* ici. — *Je n'habite pas là,* c'est ici *que j'habite).*
Je ne suis pas allé voir nos amis hier. J'y suis allé avant-hier. — *Je ne partirai pas demain. Je partirai* après-demain. — *Nous n'avons pas passé nos vacances en Bretagne, nous les avons passées en* Champagne. — *Vous n'irez pas au cinéma. Vous irez* au théâtre. — *En ce moment Hélène ne joue pas avec Pierre. Elle joue* avec le chat. — *L'Obélisque n'est pas sur la place de l'Opéra. On le voit* sur la place de la Concorde.

III) **Refaites** *trois fois chacune de ces phrases. Mettez chaque fois :* c'est ... que *avec un complément différent :*
Ex. : *Il se promenait* hier soir à pied au bord de la Seine
1° *C'est hier soir qu'il se promenait à pied au bord de la Seine.*
2° *C'est à pied qu'il se promenait hier soir au bord de la Seine.*
3° *C'est au bord de la Seine qu'il se promenait hier soir à pied.*
Nous sommes allés hier au théâtre avec nos amis. — *Il travaille* tous les jours dans le bureau avec son père — *Elle est tombée* ce matin dans la rue en se promenant.

IV) **Écrivez** *le 1er paragraphe de la lecture au* présent, *en commençant ainsi : Hélène revient du marché ....*

V) **Conjuguez** *à toutes les personnes : Si j'étais encore malade, j'appellerais le même médecin.* — *Si je (revenir) à Paris, je (descendre) avec ma famille dans le même hôtel.* — *Si je (pouvoir) quitter la France, je (retourner) dans mon pays.*

VI) **Faites** *des phrases avec les mots : hôpital - infirmières - soigner - pansement - examiner - radiographier - blessure - fièvre.*

La *fièvre.* La *température; prendre la température* du malade. — La *maladie.* Le remède ou le *médicament.* La plaie est rouge à cause du *sang* qui *coule.* — L'accident *oblige* Hélène *à* rester au lit : il l'*empêche de* sortir. — Le médecin lui *ordonne* de rester au lit : il lui *défend* de sortir.

Mauger G., *Cours de langue et de civilisation françaises I*, 1953 p. 177.

2.4. Les méthodes audio-orale et audiovisuelle

Méthodes centrées sur la nature de la langue et sur l'apprentissage exigeant des formations spécifiques d'enseignants par le biais de stages, « les *méthodes audio-orale* et *audiovisuelle* (cette dernière est également appelée SGAV, structuro-globale audiovisuelle)[14] sont nées vers 1950. Elles ont pour objectif d'installer des automatismes avec la pratique intensive d'exercices structuraux susceptibles de donner à l'élève une compétence d'abord orale (méthode audio-orale) dans une situation de communication (méthode audiovisuelle). Elles donnent

14. Nous n'entrerons pas ici dans les détails des distinctions entre audio-oral et audiovisuel.

la priorité au matériel technique – tableau de feutre, magnétophone (méthode audio-orale), tableau de feutre, magnétophone, films fixes (méthode audiovisuelle) – et préconisent l'usage d'un laboratoire de langues. »[15] Pour la première fois, apparaît avec la méthode audiovisuelle le **mot-clé de *communication*** décliné en termes de situation et de dialogue, comme on peut le constater à la lecture de trois manuels à succès qui ont contribué très largement à la généralisation en FLE de cette méthodologie : *Voix et Images de France* (1961), *La France en Direct* (1969) et *Archipel* (1982), ce dernier assurant avec brio la transition avec l'approche communicative.

Voici un tel exemple de situation et de dialogue.

Fenêtre sur cours 4 : Illustration – un dialogue entre élève infirmière et infirmière en chef

4

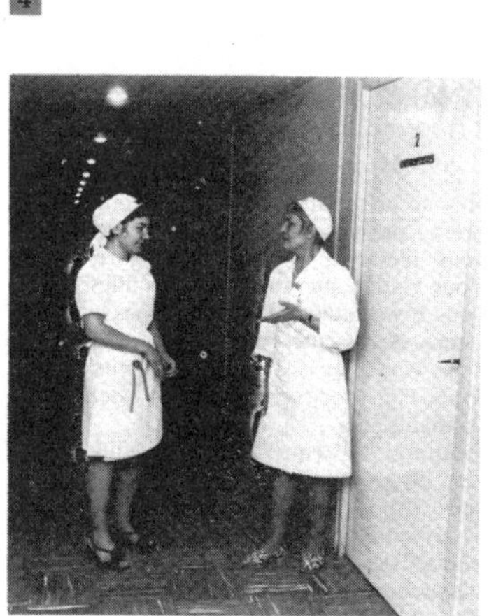

A l'hôpital, les élèves infirmières n'ont pas le temps de s'amuser.

L'élève infirmière : Vous m'avez appelée, Madame ?
L'infirmière en chef : Oui, Mademoiselle. J'ai des reproches à vous faire.
L'élève infirmière : Des reproches ?
L'infirmière en chef : Oui. Vous avez quitté votre service cinq minutes trop tôt hier soir, sans attendre la camarade qui devait vous remplacer.
L'élève infirmière : Oh, Madame, mon fiancé devait arriver par le train de 5 heures et je ne l'ai pas vu depuis six mois.
L'infirmière en chef : Ah, c'est donc ça ! Il fallait m'en parler.
L'élève infirmière : Je n'ai pas osé.
L'infirmière en chef : Bon, je veux bien fermer les yeux pour une fois, mais ne recommencez pas.

J. & G. Capelle, *La France en direct*, 1970, Hachette, p. 161

Quel est ici le rôle de l'enseignant ? « L'enseignant sert avant tout de modèle linguistique [...]. C'est lui qui intervient pour corriger les erreurs de prononciation et de grammaire. L'enseignant intervient également pour aider à faire saisir le sens des phrases, compte tenu surtout du fait que l'image, même situationnelle, comporte d'importantes limites. L'enseignant est censé composer de nouvelles situations à l'aide de la grammaire et du vocabulaire appris. Au cours de la phase de l'exploitation de ce qui vient d'être appris, l'enseignant agit surtout comme un animateur, soucieux de favoriser l'expression spontanée des apprenants et de stimuler leur créativité »[16].

15. Robert J.-P., *Dictionnaire pratique de didactique du FLE*, Paris, Ophrys, 2008, p. 132.
16. Germain C., *op. cit.*, 1993, p. 156.

Le magnétophone et le laboratoire de langues jouent un rôle de premier plan. L'exemple suivant est extrait du *Pont Sonore* (Pimsleur, Paris, Hachette, 1974), cet « outil d'appoint », ce « complément naturel des méthodes [qui] font trop peu de place à la compréhension auditive » comme le présente Robert Galisson dans la préface de l'ouvrage. Dans cette méthode, les bandes magnétiques (ou cassettes) jouent un rôle primordial ; le livre ne peut pas être utilisé sans elles. Le travail de l'étudiant consiste à écouter les phrases enregistrées, à les transcrire dans le livret, puis à les vérifier en les comparant avec la transcription modèle.

Par exemple, l'exercice suivant sur les confusions phonétiques. L'étudiant doit écrire les phrases entendues d'au moins deux façons.

Fenêtre sur cours 5 : Illustration de la méthode audio-orale – les confusions phonétiques

Il la menait à hôpital.
Il l'amenait (*ou* Ils l'amenaient) à l'hôpital.

Pimsleur, *Pont Sonore*, Paris, Hachette, 1974, p. 44.

L'apprenant peut ainsi, au laboratoire de langues, découvrir les spécificités du français familier, standard ou soigné.

2.5. L'approche communicative

Dans les années 1970, en réaction contre le monolithisme des méthodes SGAV[17], émerge une nouvelle méthodologie appelée très vite *approche(s) communicative(s)*. « Les approches communicatives tout en donnant à entendre que "c'est en communiquant qu'on apprend à communiquer", se présentent comme souplement adaptables et ouvertes à la diversité des contextes d'apprentissage.

Les méthodes et les cours de type communicatifs sont en général organisés autour d'objectifs de communication à partir des fonctions (des actes de parole) et des notions (catégories sémantico-grammaticales comme le temps, l'espace, etc.) [...] Les supports d'apprentissage sont autant que possible des documents authentiques et les activités d'expression (simulation, jeux de rôles, etc.) ou de compréhension se rapprochent de la réalité de la communication. »[18] **Le mot-clé est ici encore *communication* mais l'idée qu'il représente s'élargit aux dimensions pragmatiques et**

17. Comme le souligne Bérard É. (*L'approche communicative. Théorie et pratiques*, Paris, Clé International, 1991, p. 11) : « Il est incontestable que l'approche communicative s'inscrit dans un mouvement de réaction par rapport aux méthodes précédentes, audio-orales et audiovisuelles, même si elles ont constitué une avancée non négligeable par rapport aux méthodes traditionnelles et ont permis à certains publics d'apprendre efficacement une langue étrangère ».
18. Cuq J.-P. (dir.), *op. cit.*, 2003, p. 24.

sociolinguistiques du concept. Les méthodes les plus représentatives de cette approche ont pour titres *Sans frontières*[19] (1982) et *Espaces* (1990).

**Fenêtre sur cours 6 :
Illustration de l'approche communicative – où avez-vous mal ?**

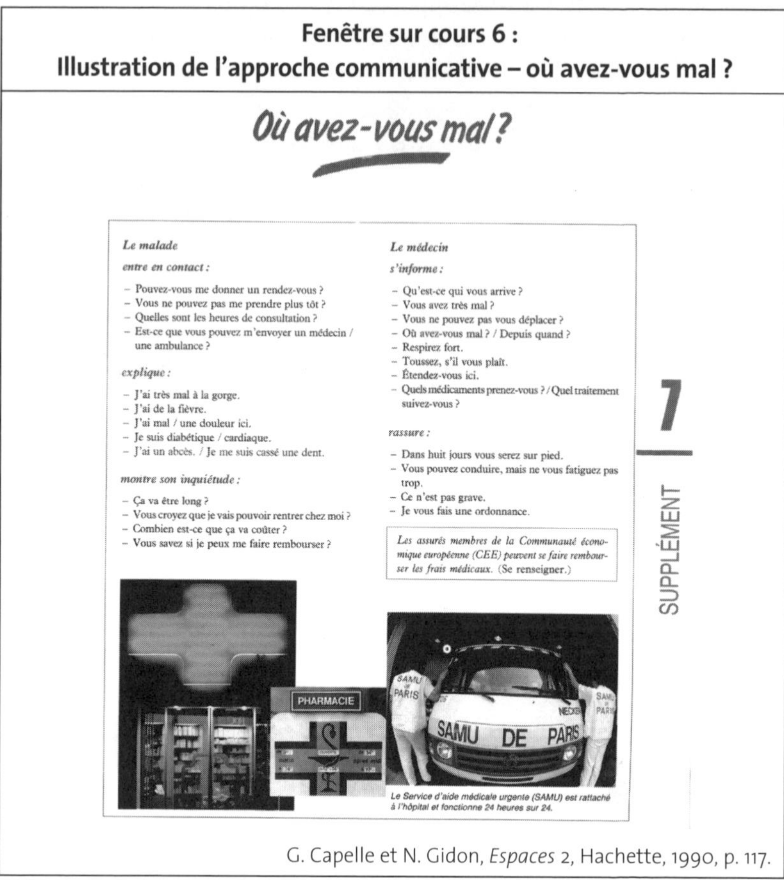

Où avez-vous mal ?

Le malade

entre en contact :

– Pouvez-vous me donner un rendez-vous ?
– Vous ne pouvez pas me prendre plus tôt ?
– Quelles sont les heures de consultation ?
– Est-ce que vous pouvez m'envoyer un médecin / une ambulance ?

explique :

– J'ai très mal à la gorge.
– J'ai de la fièvre.
– J'ai mal / une douleur ici.
– Je suis diabétique / cardiaque.
– J'ai un abcès. / Je me suis cassé une dent.

montre son inquiétude :

– Ça va être long ?
– Vous croyez que je vais pouvoir rentrer chez moi ?
– Combien est-ce que ça va coûter ?
– Vous savez si je peux me faire rembourser ?

Le médecin

s'informe :

– Qu'est-ce qui vous arrive ?
– Vous avez très mal ?
– Vous ne pouvez pas vous déplacer ?
– Où avez-vous mal ? / Depuis quand ?
– Respirez fort.
– Toussez, s'il vous plaît.
– Étendez-vous ici.
– Quels médicaments prenez-vous ? / Quel traitement suivez-vous ?

rassure :

– Dans huit jours vous serez sur pied.
– Vous pouvez conduire, mais ne vous fatiguez pas trop.
– Ce n'est pas grave.
– Je vous fais une ordonnance.

Les assurés membres de la Communauté économique européenne (CEE) peuvent se faire rembourser les frais médicaux. (Se renseigner.)

7

SUPPLÉMENT

Le Service d'aide médicale urgente (SAMU) est rattaché à l'hôpital et fonctionne 24 heures sur 24.

G. Capelle et N. Gidon, *Espaces* 2, Hachette, 1990, p. 117.

L'apprenant a désormais toutes les cartes en mains (et tous les actes de parole) pour communiquer avec succès avec un médecin en cas de maladie !

Quel est ici le rôle de l'enseignant ? « Avec l'avènement de l'approche communicative, les rôles de l'enseignant sont passablement diversifiés ». On pourra retenir les rôles suivants :

« – développer et maintenir chez l'apprenant une attitude positive face à l'apprentissage et face à l'emploi de L2. Pour cela, d'une part, il est encouragé à mettre l'accent sur le "message" plutôt que sur la "forme" linguistique et, d'autre part, il doit encourager l'apprenant à "prendre des risques" lorsque celui-ci s'exprime en L2 ;

– créer un environnement linguistique riche et varié afin de permettre à l'apprenant d'émettre ses propres hypothèses sur le fonctionnement de L2. L'enseignant se doit alors d'être un modèle, un "facilitateur" et

19. Verdelhan M.,Verdelhan M., Dominique Ph., Baylon Ch., Clé International.

un guide, un peu à l'image des parents vis-à-vis de leurs enfants lors de l'acquisition de la langue maternelle ;
– rendre l'apprentissage "signifiant" (non centré sur la seule forme linguistique) tout en tenant compte de l'âge, des intérêts et des besoins des apprenants »[20].

2.6. La perspective actionnelle

En 2000, avec la publication du *CECR*, voit le jour une nouvelle approche, *l'approche actionnelle,* appelée également *perspective actionnelle*[21]. Cette perspective repose sur l'action, comme le montre l'adjectif *actionnelle*. Cette perspective, si novatrice soit-elle, prend à son compte plusieurs approches qui l'ont précédée chronologiquement :
– l'*approche communicative,*
– l'*approche par les tâches*[22],
– l'*approche par les compétences*[23].

20. Germain C., *op. cit.*, 1993, p. 206.

21. « La tendance actuelle est de retenir plutôt l'expression *perspective actionnelle* comme le met clairement en évidence le titre du numéro 45 du *Français dans le monde, Recherches et Applications*, « La perspective actionnelle et l'approche par les tâches », (Rosen É. (dir.), « La perspective actionnelle et l'approche par les tâches en classe de langue », *Le Français dans le monde, Recherches et applications*, n° 45, Paris, Clé International, 2009, p. 172). Dans ce numéro, J.-M. Gautherot explicite ainsi les raisons d'un tel positionnement : « Bien que l'expression "approche actionnelle" concurrence maintes fois, dans la version française du *CECR*, l'expression "perspective actionnelle", c'est cette dernière que l'on retiendra parce que la plus en cohérence avec l'ensemble du projet *CECR*, celle par laquelle il convient le plus justement de le "prendre au mot" » (Robert J.-P. & Rosen É., *Dictionnaire pratique du CECR*, Paris, Ophrys, 2010, p. 13).

22. « L'approche par les tâches nous vient du monde anglo-saxon où elle est connue sous le nom de *Task Based Learning* (désormais TBL). [...] Le cœur du TBL est que l'apprenant soit confronté activement à la résolution de problèmes dans la langue-cible (lors d'achats à effectuer, d'une visite médicale ou de démêlés avec l'administration, etc.). Il recouvre un grand éventail d'opportunités d'apprentissage, d'activités très structurées : recherche d'informations sur un thème donné, exercices de comparaison et de remise en ordre, activités s'apparentant à la pédagogie du projet, participation à des débats suscitant des échanges d'opinions et d'idées. Quelle que soit la forme retenue, les apprenants doivent travailler autour de contenus d'apprentissage motivants, leur permettant de participer de manière active et créative au cours. » (Robert J.-P.& Rosen É, *op. cit.*, 2010, p. 18)

23. « L'approche par les compétences [réception, production, interaction] est née dans le monde professionnel. Elle postule, comme l'écrit G. Le Boterf (*De la compétence. Essai sur un attracteur étrange*, Paris, Les Éditions d'organisation, 1994), qu'« il n'y a de compétence qu'en acte ». Elle a l'ambition – suivant en cela les idées de Le Boterf qui définit la compétence « comme la mobilisation ou l'activation de plusieurs savoirs dans une situation et un contexte donnés » – de faire sortir l'élève du cadre contraignant de l'école, de le préparer systématiquement à son entrée dans la vie active en lui apprenant à mobiliser, transférer, gérer :
– ses connaissances théoriques,
– son environnement professionnel ou non,
– ses savoir-faire cognitifs, sociaux, relationnels et opérationnels,
– ses ressources émotionnelles. (classement de G. Le Boterf) ». (Robert J.-P., Rosen É, 2010, p. 17)

Les auteurs du Cadre ne situent pas cette nouvelle approche dans l'histoire des méthodologies des langues vivantes, comme le fait C. Puren[24]. Celui-ci rappelle le rôle central que joue, dans les années 1970, le concept d'interaction dans l'approche communicative diffusée par les différents niveaux-seuils. À l'époque, l'objectif était « de préparer les élèves à rencontrer occasionnellement des natifs de la langue-culture étrangère (au cours de voyages ponctuels, touristiques ou professionnels)... Lorsque l'on fait la connaissance des gens que l'on ne connaît pas et que l'on va quitter très vite, l'enjeu naturel de la communication est l'échange le plus rapide et efficace possible d'informations... Dans cette approche, l'"interaction" est fondamentalement action de chacun sur l'autre, et non action commune, comme dans la perspective actionnelle ».

Ainsi, la perspective actionnelle se propose d'initier les apprenants non seulement à communiquer avec l'autre mais surtout à agir avec l'autre, vision qui justifie les néologismes proposés par C. Puren : « co-action, co-agir, perspective co-actionnelle, approche actionnelle co-culturelle, perspective co-culturelle » puisque désormais, avec la construction de l'Europe, l'apprenant ne doit pas être préparé simplement à faire de courts séjours à l'étranger mais aussi à aller suivre une partie de ses études à l'étranger, à y faire en partie ou en totalité une carrière professionnelle... et même à travailler en France en langue étrangère.

En résumé, la nouvelle perspective a l'ambition de conduire l'apprenant à construire avec d'autres acteurs sociaux étrangers (ou non) « une culture d'action commune dans le sens d'un ensemble cohérent de conceptions partagées »[24].

Ainsi définie, la perspective actionnelle ne récuse nullement les apports de l'approche communicative, par les tâches et par les compétences. Elle les développe, les complète, les précise, face aux nouveaux enjeux linguistiques apparus avec la construction de l'Europe comme le constate J.-J. Richer[25] qui voit « [...] avec la perspective actionnelle, avec la notion de compétence qui passe du domaine de la sociolinguistique à celui du monde du travail, avec le concept méthodologique de tâche (ou de projet), l'émergence d'un paradigme actionnel où langage et action sont profondément imbriqués, tissant des liens serrés. »[26]

C'est la raison pour laquelle Cl. Bourguignon[27] préfère parler d'approche *communic'actionnelle*.

On l'aura compris, **le mot-clé est ici *action***.

24. Puren C., *op. cit.*, 2004.
25. Richer J.-J., « Le Cadre européen, ou l'émergence d'un nouveau paradigme didactique », *Le Français dans le monde*, n° 359, Paris, Clé International, 2008, p. 88.
26. Robert J.-P. & Rosen É, *op. cit.*, 2010, pp. 13-14.
27. Bourguignon Cl., *Pour enseigner les langues avec le CECRL, Clés et conseils*, Paris, Delagrave, 2010.

Quel est ici le rôle de l'enseignant ? Lien entre l'apprentissage en classe et hors de la classe, il est aussi celui qui mise sur une « perspective co-actionnelle », c'est-à-dire sur les « outils et environnements collaboratifs d'ores et déjà disponibles sur l'Internet – en particulier ceux du Web 2.0. » et les conçoit « comme des supports et outils non plus seulement d'échanges plus ou moins occasionnels, mais de travail commun dans la durée »[28]

Au fil des approches et des méthodes, le rôle de l'enseignant a ainsi sensiblement évolué : autrefois détenteur du savoir et de l'autorité, modèle linguistique bilingue ou « monolingue », laissant pas/peu d'initiatives à ses apprenants et manipulant seuls les outils en classe, il est passé désormais à l'heure du pluri- (au sein d'une classe plurilingue et pluriculturelle) et du co- (il co-anime les classes avec ses collègues et ses apprenants). Le dessin suivant tente de synthétiser cette évolution.

Fenêtre sur cours 7 :
Rôle de l'enseignant dans l'évolution historique des approches

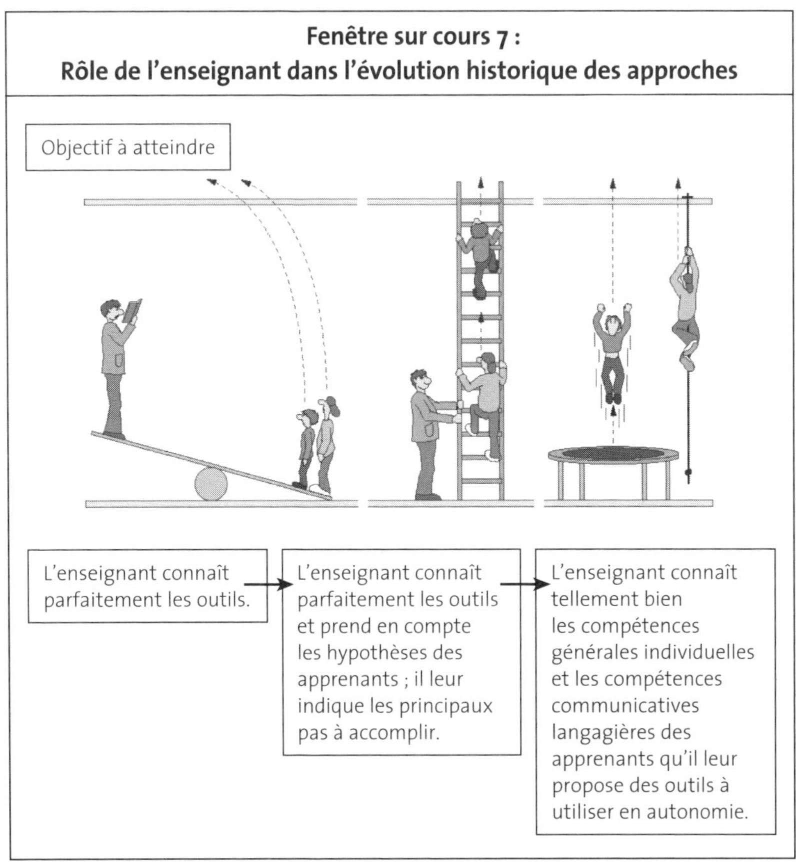

L'enseignant connaît parfaitement les outils. → L'enseignant connaît parfaitement les outils et prend en compte les hypothèses des apprenants ; il leur indique les principaux pas à accomplir. → L'enseignant connaît tellement bien les compétences générales individuelles et les compétences communicatives langagières des apprenants qu'il leur propose des outils à utiliser en autonomie.

28. Puren C., « Variations sur la perspective de l'agir social en didactique des langues-cultures étrangères », *Le Français dans le monde, Recherches et applications*, n° 45, Paris, Clé International, 2009, p. 164.

L'enjeu actuel est alors pour l'enseignant de « parvenir avec chacun de ses groupes d'apprenants à la construction d'une “co-culture” d'enseignement-apprentissage, condition pour que les uns et les autres puissent se comporter déjà en classe, en tant qu'enseignants et apprenants, comme de véritables acteurs sociaux efficaces[29]. En l'absence de modèle modélisant, ce n'est pas chose aisée.

3. L'absence de modèle modélisant

Depuis l'apparition de la perspective actionnelle en effet, tous les manuels de FLE se réfèrent au *CECR* et se disent basés sur la perspective actionnelle mais force est de constater qu'aucun manuel n'a réussi à ce jour l'exploit d'en concrétiser, dans toutes ses dimensions, les multiples facettes, comme l'a fait en son temps *La France en Direct* par exemple.

Comment expliquer cet état de fait ? Avec la perspective actionnelle, les auteurs se retrouvent devant la même situation – inconfortable – que leurs aînés avec l'approche communicative. Du temps des méthodes SGAV, tout était plus simple. La méthodologie en effet qu'elles préconisaient était dénuée d'ambiguïté et comprenait cinq moments :

a. présentation du dialogue et explication du dialogue ;
b. répétition du dialogue ;
c. mémorisation des répliques du dialogue par cœur ;
d. exploitation à l'aide d'exercices structuraux ;
e. transposition, réemploi.

Dans ces conditions, toutes proportions gardées, il était relativement aisé de concevoir un cours ou d'élaborer un manuel.

Cette méthodologie contraignante – outre l'appareillage, les guides du maître étaient imposants parce qu'ils ne laissaient aucune liberté à l'enseignant[30] – fut l'objet de vives critiques à l'aube de l'approche communicative. On en vint à dénoncer ces manuels très directifs et à annoncer leur fin prochaine[31].

« Dans l'enthousiasme de la nouveauté, on lance sur le marché les premières méthodes [communicatives], sans attendre vraiment les résultats des travaux de recherche engagés sur l'approche communicative qui auraient pu déboucher sur un ou des modèles. Comme le fait remarquer J.-C. Beacco dans *Méthodes et méthodologies* (numéro

29. Puren C., *op. cit.*, p. 163.
30. Rappelons, pour mémoire, que le guide du maître de *La France en Direct* (niveau 1) compte plus de 1 000 pages !
31. C'est ce que fit F. Debyser dans un article ancien mais resté célèbre, *La mort du manuel et le déclin de l'illusion méthodologique* (*Le français dans le monde*, n° 100, 1973).

spécial du *Français dans le monde*) : “En ce qui concerne le domaine du français comme langue étrangère, l'approche communicative n'a pas bénéficié d'une diffusion sous forme de méthodes modélisantes, comme, en leur temps, les méthodologies d'inspiration SGAV” »[32].

En conséquence, comme le souligne le *Dictionnaire de didactique du français langue étrangère et seconde* : « Si l'approche communicative se caractérise par son caractère souple, elle a eu quelque difficulté à articuler de façon claire les composantes de la compétence de la communication »[33]. Opinion corroborée par nombre de didacticiens[34]. Une critique semblable pourrait être adressée à la perspective actionnelle : si la perspective actionnelle se caractérise par son caractère souple, elle a quelque difficulté à articuler de façon claire les composantes de la compétence de la communication autour de la notion de tâche.

En conséquence, quelle approche choisir si aucune n'est préconisée par l'Institution dans laquelle on enseigne ?

4. Pour une approche pragmatique et éclectique basée sur la perspective actionnelle et les approches qui l'ont précédée

Dans l'état actuel des recherches théoriques, plus axées (hélas !) sur les orientations politiques et culturelles du *CECR* (émergence d'un nouveau citoyen européen, d'une culture commune aux pays d'Europe, etc.) que sur la mise en œuvre de ses contenus linguistiques, la seule issue possible est d'opter pour une approche pragmatique et éclectique basée – mais pas uniquement – sur la perspective actionnelle.

Mais, il faut le souligner, une telle démarche peut être source de toutes les dérives possibles !

Et cette remarque de G-D. de Salins relative aux auteurs de manuels « communicatifs » est toujours d'actualité. Elle rappelle que[35] :
– réussir un patchwork n'est pas donné à tout un chacun ;

32. Robert J.-P., *op. cit.*, 2008, p. 74.
33. Cup J.-P. (dir.), *op. cit.*, 2003.
34. « On oublie cependant de rappeler que l'acquisition d'une compétence de communication ne peut se faire qu'en relation à l'acquisition d'une compétence linguistique. Ce dernier terme est souvent oublié, négligé ou encore considéré comme allant de soi. Ce qui se traduit dans la forme des outils méthodologiques mis à disposition des professeurs ou en usage dans les classes, par des incertitudes s'agissant des modalités d'insertion du linguistique dans le communicatif et sur la façon d'associer le linguistique aux actes de communication proposés ». Gérard Vigner (2004) : La maîtrise de la langue dans les apprentissages du français langue seconde.
http://casnav.tice.ac-orleans-tours.fr/eva/IMG/pdf/confgv.pdf
35. *Le Français dans le monde*, n° 280.

– que l'éclectisme est le contraire de l'hétérogénéité ;
– que le contenu de toute méthode, y compris éclectique, doit être en adéquation avec les objectifs que se sont fixés les auteurs et former un tout dont la cohérence unisse non seulement entre elles les principales options (pédagogique, linguistique et culturelle) mais encore chacune d'elles considérée isolément.

Elle dit haut et fort « oui à l'éclectisme, non au bricolage pédagogique ». Pour éviter tout bricolage pédagogique qui conduirait à un mauvais habit d'Arlequin, il faudrait que le projet d'enseignement repose sur une approche pragmatique et éclectique basée sur la perspective actionnelle et les méthodes qui l'ont précédée, comme essaient de le montrer ces propositions concrètes en matière de sujets de projets (pédagogiques authentiques ou virtuels), de choix des textes, de tâches de pré-communication pédagogique et pédagogiques communicatives, propositions illustrées par un cas de figure concret : *Apprendre le français avec Internet*.

4.1. Propositions en matière de sujets de projets pédagogiques authentiques ou virtuels

Chaque unité d'enseignement pourrait faire l'objet d'un projet authentique ou virtuel à réaliser en groupes[36] parce qu'un tel objectif est de nature à motiver les apprenants. Ce projet constituerait la macro-tâche ou tâche finale de l'unité et pourrait être adopté à tous les niveaux scolaires (primaire, collège, lycée) et linguistiques (de A1 à C2). Outre les exemples cités précédemment[37], on peut encore citer :
– Apprendre le français avec Internet ;
– Tourner un film/une vidéo sur un thème précis (les commerçants dans une ville, les fêtes de village, etc.) ;
– Écrire le scénario d'un roman, d'un film ;
– Réaliser un jeu vidéo ;
– Faire un catalogue pour un grand magasin ;
– Critiquer un livre, un film ou une chanson, etc.

Comme le remarque à juste titre Cl. Bourguignon, « puisque la tâche sert à mettre l'apprenant en action et que, par ailleurs, “elle n'est pas seulement langagière”, elle sera toujours décrite à l'aide d'un verbe d'action »[38] comme c'est le cas dans les exemples proposés ci-après. Et pour mieux impliquer chaque apprenant, on pourrait employer le « je » dans le titre de chaque unité/projet : *J'apprends le français, je tourne un film, etc.*

36. Voir partie 3.
37. Voir partie 3 § 3.3.1.
38. *op. cit.*, p. 19.

4.2. Propositions en matière de choix des textes

La perspective actionnelle privilégie l'emploi de textes authentiques (sonores et écrits) sur celui de textes fabriqués[39]. Il est cependant évident – tous les auteurs de manuels en ont conscience – que l'usage de textes authentiques est difficile, voire impossible au niveau débutant (A1 et A2), mis à part celui de documents très simples tels que cartes de visite avec adresse et profession, noms de rue, titres de livres et de films, panneaux de signalisation, etc. En conséquence, on va privilégier à ce niveau le texte/document fabriqué[40].

4.3. Propositions en matière de tâches de pré-communication pédagogiques

Les tâches de pré-communication pédagogiques, contextualisées ou non, pourraient être au nombre de trois. Elles engloberaient :
– l'exercice d'approche du texte/document de départ, appelé parfois *document déclencheur ;*
– les exercices de langue relatifs à la phonétique, la grammaire et le vocabulaire ;
– les exercices de médiation orale ou écrite.

4.4. Propositions en matière de tâches pédagogiques communicatives

Les tâches pédagogiques communicatives pourraient être des activités toujours en contexte au cours desquelles les apprenants

39. « [...] à la lumière de l'analyse précédente, on peut supposer que leurs préférences [= celles des auteurs du *CECR*] vont au document/texte authentique, et ce d'autant plus qu'ils semblent implicitement mettre en garde contre le document fabriqué comme en témoignent :
– cette expression "les documents authentiques non trafiqués" [le document fabriqué serait-il donc, à leurs yeux, un document trafiqué ?] (§ 6.4.3.2),
– cette phrase : "Néanmoins, une trop grande simplification de textes authentiques peut, en fait, déboucher sur un accroissement de la difficulté (à cause de la suppression des redondances, des indices textuels, etc.)" ». (§ 7.3.2.2)
(Robert & Rosen, *op. cit.*, 2010, p. 23)

40. Si l'emploi du document authentique en communication a été sacralisé par l'approche communicative, l'origine du document fabriqué remonte à la méthode active. À cette époque et à celle des méthodes audio-orale et audiovisuelle, ce document servait surtout à présenter les faits linguistiques nouveaux (grammaire, etc.) et n'avait aucun caractère d'authenticité. « À l'heure actuelle, les documents fabriqués se veulent proches de l'authentique aussi bien pour reproduire une utilisation vraisemblable de la langue que pour donner une vision plus fidèle de la culture française. » (Cuq J.-P., *op. cit.*, p. 100)

mettraient à l'épreuve leurs connaissances et leurs compétences acquises précédemment, notamment grâce aux tâches de pré-communication en :
– compréhension et production orales ;
– compréhension et production écrites ;
– médiation orale et écrite.

5. Exemple concret d'unité d'enseignement : J'apprends le français avec Internet

Les médias marquent leur époque... et la dynamique des cours : magnétophone, films fixes pour le SGAV, minitel pour les premiers pas du communicatif et Internet bien sûr à l'heure de la perspective actionnelle. Comme le souligne néanmoins François Mangenot[41] : « De nombreuses expériences d'écriture télématique collective, en temps réel et en temps différé, ont eu lieu bien avant qu'il ne soit question d'Internet : Francis Debyser (1986), auteur de *l'Immeuble*, en a été l'un des pionniers. Des simulations globales utilisant le Minitel ont également été réalisées[42]. Il serait absurde, sous prétexte de l'apparition d'un média plus performant, de ne pas profiter de l'expérience acquise dans ce domaine ». Comment Internet peut-il alors enrichir un cours conçu selon la perspective actionnelle tout en bénéficiant des acquis antérieurs ?

41. « Classification des apports d'Internet à l'apprentissage des langues », http://toiltheque.org/Alsic_volume_1-7/Num2/mangenot/alsic_no2-pra1.htm, 1998.
42. *cf.* Archambault J.-P., *De la télématique à Internet*. Paris, CNDP (la collection de l'ingénierie éducative), 1996, pp. 41-46.

5.1. Le document déclencheur

Fenêtre sur cours 8 : Document déclencheur

J'apprends le français avec Internet ![43]

ÉduFLE.net, le site coopératif du FLE[44]

Bonjour !

Vous étudiez le français au collège ? Vous voulez apprendre le français pour 0 euro ? Nous avons le plaisir de vous présenter une liste de sites destinés aux collégiens :

– Apprendre le français avec lexique FLE ; *lexiquefle.free.fr/* (Vocabulaire, jeux) ;

– Bonjour de France ; *www.bonjourdefrance.com* (Activités d'écoute, grammaire, vocabulaire, jeux) ;

– Vocabulaire français illustré ; *www.lepointdufle.net/. ;*

– Cours et exercices de français gratuits ; *www.francaisfacile.com/* (audio, orthographe, grammaire, vocabulaire, conjugaison, prononciation, forum, correspondants).

Bienvenue sur votre site, le site des collégiens francophones !

Et bon travail !

« Le choix du document déclencheur est stratégique puisqu'il va non seulement être le support de l'exposition et du traitement des informations qu'il contient mais également être source d'inspiration pour les activités de fixation et de production. L'objectif de la sélection est donc d'obtenir un document qui réponde à ces critères, qui soit également adapté au public visé et qui corresponde à ses centres d'intérêts »[45].

---

43. Les illustrations à partir de la p. 102 sont des documents de travail destinés à éclairer notre propos et ne constituent en aucun cas des modèles. Cette unité s'adresse à des apprenants de collège de 1re année (niveau A1) qui ont à leur actif une centaine d'heures de français, suivies dans le Primaire.

44. Les objectifs de cette unité/projet sont les suivants :
– général : montrer l'intérêt d'Internet dans l'apprentissage ;
– notionnel (acte de parole) : exprimer une sensation ;
– linguistiques : vocabulaire : le corps humain ; phonétique : les sons « ch », « j », « u » ; grammaire : les adjectifs possessifs (*notre, votre, leur*), les propositions subordonnées de cause (*parce que*).
Le site est authentique. Il suffit d'aller sur la page d'accueil du site et de cliquer sur *Annuaire : sites Fle* pour avoir accès à nombre de sites similaires. *A contrario*, le document déclencheur et les tâches qui en découlent ont été fabriqués même s'ils sont attribués, dans un souci de vraisemblance, à tel ou tel site.
Les responsables des différents sites nous pardonneront ces détournements à des fins didactiques qui devraient conduire les apprenants à profiter pleinement des diverses activités qu'ils proposent.

45. Valérie Lemeunier http://www.francparler.org/dossiers/lemeunier2006.htm

Ce texte d'introduction peut être un document authentique ou fabriqué (extrait de journal, de magazine, texte d'auteur, BD, interview, etc.) écrit ou/et sonore. Il est suivi d'une première exploitation qui a pour objectif d'appréhender globalement le document, les apprenants ne pouvant espérer le comprendre dans le détail qu'à la fin des tâches de pré-communication. Cette exploitation prend la forme d'un QCM ou d'un ensemble de questions comme le montre l'exemple ci-dessous.

Fenêtre sur cours 9 :
Exemple d'exploitation du document déclencheur

DÉCOUVERTE

Coche les bonnes réponses.

1. Où se trouve ce document ?
☐ dans un journal ☐ sur le tableau d'affichage d'un collège
☐ sur Internet

2. Qu'est-ce que ce document ?
☐ une publicité ☐ une lettre ☐ une affiche

3. À qui il s'adresse ?
☐ aux élèves des écoles primaires ☐ aux élèves des collèges
☐ aux élèves des lycées

4. Tu veux bien prononcer le français. Tu vas sur le site
☐ lexiquefle.free.fr/ ☐ www.lepointdufle.net/.
☐ www.francaisfacile.com/

5.2. Exemples de tâches de pré-communication pédagogiques

Fenêtre sur cours 10 : Exemple de tâches de pré-communication pédagogiques – vocabulaire

VOCAGRAM

❶ J'apprends le corps humain[46]

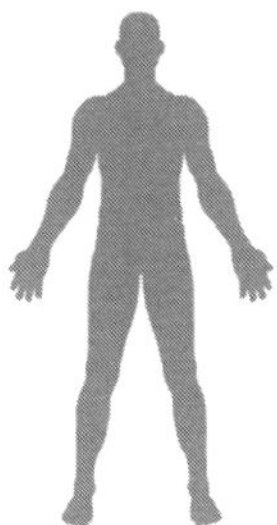

Le corps : le bras, le ventre, la main, la jambe, le genou (les genoux), le pied

La tête : les cheveux, l'œil (les yeux), l'oreille, le nez, la bouche, la dent, la langue

• **Écoute puis numérote les dessins.**

1. – Qu'est-ce que tu as ?
– Oh là, là, j'ai une otite ! J'ai mal à l'oreille.
2. – Qu'est-ce qu'on mange ? Un bifteck et des frites ?
– Va pour le bifteck et les frites !
3. – Qu'est-ce que tu lis ?
– *Harry Potter et la chambre des secrets.*
4. – À qui tu écris ?
– à un copain français.

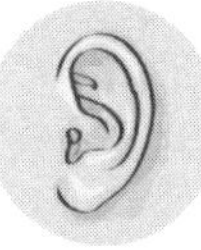

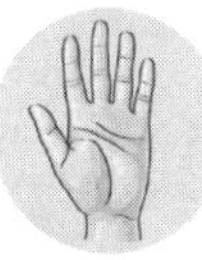

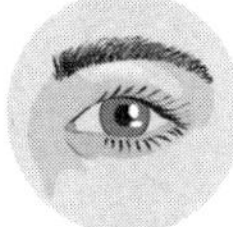

46. Exercices semblables sur le site www.françaisfacile.com

Fenêtre sur cours 11 : Exemple de tâches de pré-communication pédagogiques – phonétique

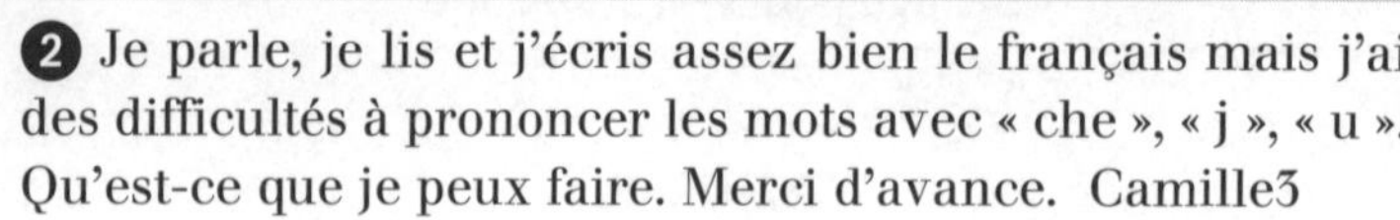

❷ Je parle, je lis et j'écris assez bien le français mais j'ai des difficultés à prononcer les mots avec « che », « j », « u ». Qu'est-ce que je peux faire. Merci d'avance. Camille3

.... **RÉPONSE** ....

- **Écoute et répète.**

a. Le chat de Julie est sur le mur du jardin.
b. J'aime beaucoup le cheval de monsieur Ursule.
c. Un chasseur qui chasse sans son chien, c'est du jamais vu !
d. J'achète des chaussettes rouges et un chandail jaune.
Bon travail ! Salut ! Jeannot.

Fenêtre sur cours 12 : Exemple de tâches de pré-communication pédagogiques – grammaire

❸ Écoute. Lis. Tu es Valentin. Tu réponds aux questions du professeur.

Tableau n° 1

Tableau n° 2

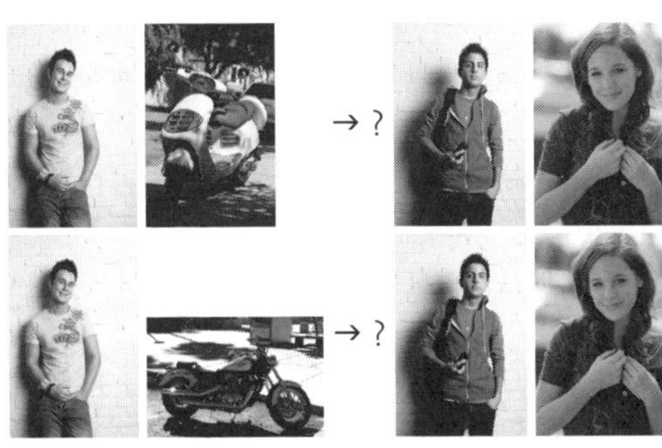

Tableau n° 3

– Bonjour Valentin !
– Bonjour Monsieur ! Qu'est-ce qu'on fait aujourd'hui ?
– On étudie : *notre, votre, leur*. Regarde le tableau n° 1. Antoine dit : « Le scooter est à ma sœur et moi. C'est notre scooter. » Que dit encore Antoine ?
– ....[47] (1)
– C'est bien ! Regarde le tableau n° 2. Antoine dit à Jules et Marie « Le scooter est à vous ? C'est votre scooter ? » Que dit encore Antoine ?
– ....[48] (2)
– C'est très bien ! Regarde le tableau n° 3. Antoine dit : « Le scooter est à Jules et Marie. C'est leur scooter. » Que dit encore Antoine ?
– ....[49] (3)
– Bravo Valentin ! Tu es un bon élève !

47. Réponse : *La moto est à ma sœur et moi. C'est notre moto.*
48. Réponse : *La moto est à vous ? C'est votre moto ?*
49. Réponse : *La moto est à Jules et Marie. C'est leur moto.*

Fenêtre sur cours 13 : Exemple de tâches de pré-communication pédagogiques – traduction

4 Traduis dans ta langue maternelle.
a. J'ai mal au ventre.
b. C'est midi. J'ai faim.

Ces quatre exercices (vocabulaire, phonétique, grammaire, traduction) pourraient illustrer ce que le *CECR* entend par tâches de pré-communication pédagogiques. Ils peuvent être ou non contextualisés. Ils ont pour objectif essentiel d'apporter les connaissances et compétences linguistiques nécessaires à la réalisation des activités prévues dans la rubrique suivante. Enfin, soulignons :
a. la présence d'un exercice de médiation (exercice 4), encore largement absent des manuels actuels parce que boudé encore, semble-t-il, par les auteurs restés très attachés à l'approche communicative ;
b. que l'exercice 3 est en fait un *exercice structural* contextualisé, héritier des exercices structuraux des méthodes SGAV, toujours prisé dans nombre de pays où l'on enseigne le FLE.

5.3. Exemples de tâches communicatives pédagogiques

Fenêtre sur cours 14 : Exemple de tâche communicative pédagogique – activité de compréhension écrite

ACTION

1 Lis ce mail et réponds aux questions.

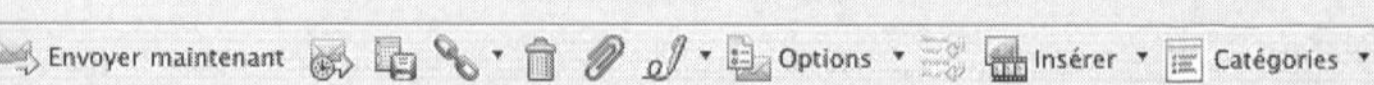

Coucou Pascale !
Je t'écris de ma chambre. Je suis malade et je ne vais pas à l'école. J'ai la grippe. J'ai de la fièvre. J'ai 39°. J'ai très mal à la tête. J'ai des magazines mais je lis une page et je suis fatiguée !
Et toi, comment vas-tu ? Stéphanie

Qui écrit ? À qui elle écrit ? Où elle est ? Pourquoi ? Qu'est-ce qu'elle a ? Qu'est-ce qu'elle fait ?

Fenêtre sur cours 15 : Exemple de tâche communicative pédagogique – activité de production écrite

❷ Observe la photo de la petite sœur de Stéphanie et imagine la réponse de Stéphanie.

L'otite.

Fenêtre sur cours 16 : Exemple de tâche communicative pédagogique – activité de compréhension orale

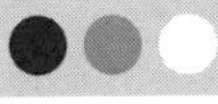

❸ Écoute et coche les bonnes réponses.

Une interview pour le *Monde des ados* www.le-monde-des-ados.fr.
J'apprends le français parce que :
❑ c'est obligatoire à l'école
❑ c'est la volonté de mes parents
❑ c'est une belle langue
❑ j'aime la France et les Français
❑ j'aime lire des magazines et des livres français
❑ j'adore les films français et la musique française
❑ je veux communiquer avec des ados francophones
❑ je veux voyager en France et dans des pays francophones
❑ je veux étudier en France ou dans un pays francophone
❑ le français est une langue européenne, internationale comme l'anglais
❑ plus tard, je peux avoir besoin du français dans mon travail

Le journaliste : – Stéphane, tu peux dire aux lecteurs du *Monde des ados* pourquoi tu apprends le français ?
Stéphane : – J'apprends le français parce que j'aime beaucoup les magazines et les livres français.
Le journaliste : – C'est la seule raison ?
Stéphane : – Bien sûr que non. Je regarde des films. J'écoute de la musique. C'est super !
Le journaliste : – Qu'est-ce que tu veux faire plus tard ?
Stéphane : – Médecin.
Le journaliste : – Tu vas étudier où ?
Stéphane : – En France ou au Canada. Du moins, j'espère.

Fenêtre sur cours 17 : Exemple de tâche communicative pédagogique – activité de compréhension et de production écrites

❹ Réponds à l'enquête du magazine *Le Monde des ados.*

ENQUÊTE

Chers amis,

Vous avez entre 10 et 14 ans. Vous apprenez le français. Pouvez-vous nous dire pourquoi vous apprenez le français ? Envoyez votre réponse par mail à l'adresse relation.abo@fleuruspresse.com avant le 31 décembre. Merci d'avance !

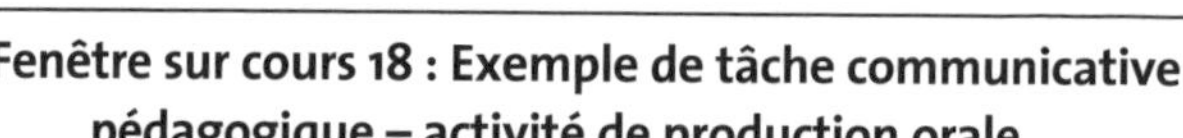

Fenêtre sur cours 18 : Exemple de tâche communicative pédagogique – activité de production orale

❺ Tu as eu un accident au foot. Un copain te rend visite. Tu lui dis où tu as mal et ce que tu fais. Imagine le dialogue avec ton voisin/ta voisine et jouez-le devant la classe.

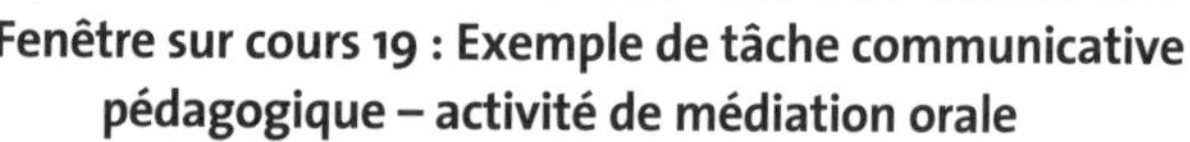

Fenêtre sur cours 19 : Exemple de tâche communicative pédagogique – activité de médiation orale

❻ Ton voisin/ta voisine n'a pas compris la consigne de l'activité précédente. Tu la reformules en français, puis, comme il ne comprend toujours pas, tu la lui traduis dans sa langue maternelle.

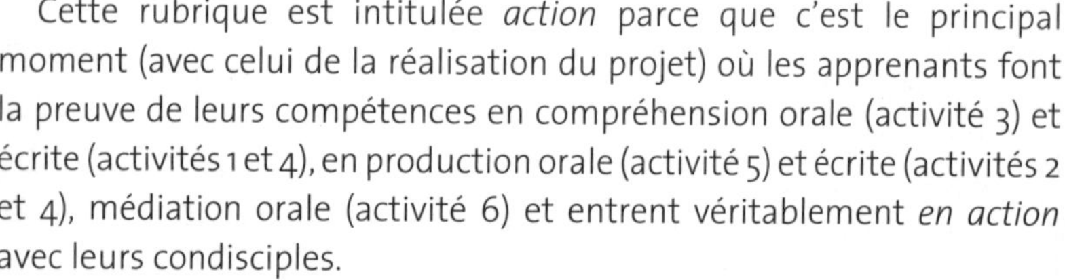

Cette rubrique est intitulée *action* parce que c'est le principal moment (avec celui de la réalisation du projet) où les apprenants font la preuve de leurs compétences en compréhension orale (activité 3) et écrite (activités 1 et 4), en production orale (activité 5) et écrite (activités 2 et 4), médiation orale (activité 6) et entrent véritablement *en action* avec leurs condisciples.

5.4. Réalisation du projet

Fenêtre sur cours 20 : Réalisation du projet
Par groupe de deux, vous imaginez des exercices et activités en compréhension, production, médiation orales ou/et écrites et vous les envoyez aux sites spécialisés répertoriés sur *ÉduFLE.net*.

6. Schéma d'une unité d'enseignement

Ainsi pourrait-on généraliser le schéma d'une unité d'enseignement sous la forme :

Document déclencheur (oral/écrit) authentique ou fabriqué

↓

Approche globale du document

↓

Tâches de pré-communication pédagogiques
(contextualisées ou non)

↓

Tâches pédagogiques communicatives
(toujours contextualisées)

↓

Tâche finale ou macro-tâche : Réalisation en groupes du projet

Pour conclure cette section sur une note optimiste, laissons le mot de la fin à C. Puren[50] : « Certains pourront penser que cette ère éclectique dans laquelle nous sommes entrés n'a décidément pas le charme de l'ère passée des certitudes. Mais ces certitudes étaient des servitudes, et comme l'a dit le philosophe Karl Jaspers, l'incertitude est l'espace même de notre liberté ».

50. Puren C., *La didactique des langues étrangères à la croisée des méthodes. Essai sur l'éclectisme*, Paris, Didier, 1994, pp. 190-191.

6

Le management de la classe : comment gérer les comportements ?

« La gestion de classe s'inscrit dans un contexte moderne d'éducation. Elle vise à optimiser le temps d'apprentissage en gérant de façon appropriée le comportement des élèves et les contenus pédagogiques. Avec le nombre croissant d'études en psychopédagogie, les connaissances en ce domaine permettent aux enseignants d'avoir une bonne idée des conditions générales d'apprentissage à mettre en place dans leur classe. »[1] Si l'on fait sienne cette définition, la gestion d'une classe revient d'abord à gérer les comportements des apprenants et... de l'enseignant, et de les soumettre à évaluation[2].

1. Vingt stratégies pour un climat de classe motivant

Deux conditions contribuent principalement à la réussite d'un cours : d'une part la motivation créée par les contenus eux-mêmes et

1. Pour une première approche générale de la question sur Wikipédia. Le présent article s'est inspiré notamment de l'article « Comportement » du *Dictionnaire de didactique du français*, Cuq J.-P. (2003)(dir.), Paris, Clé International, p. 49.
2. La gestion des contenus sera traitée dans la partie 7.

leur approche pédagogique[3] et, d'autre part, les bonnes relations que l'enseignant entretient avec ses apprenants. Certains enseignants misent tout sur l'un de ces pôles : proposer des cours parfaitement structurés fonctionnant à merveille ou jouer tout sur une personnalité charismatique mettant en place une ambiance de classe propice. Mais, tout comme dans la pratique de nombreux sports, l'équilibre est plus fragile quand on se tient sur un seul pied (*i.e.* quand on s'appuie sur une seule de ces deux conditions). C'est la raison pour laquelle, après avoir traité la question des contenus à choisir et à développer, le présent ouvrage souhaite désormais proposer à tout enseignant l'outillage nécessaire pour entretenir un climat de classe motivant et réfléchir à la question des comportements de l'apprenant... mais pas seulement.

En préliminaire à son article intitulé « Des stratégies pour créer ou entretenir un climat de classe motivant »[4], Y. Gilson rappelle ainsi à juste titre qu'« un climat, ça se crée, ça se cultive, ça s'entretient, ça peut même se détruire. » Parmi les stratégies qu'il répertorie, la plupart concerne les rapports enseignant/enseigné – nous en retiendrons ici 20 fondamentales qui serviront de fil conducteur dans l'analyse qui suivra :

1. La bonne humeur et le sourire.
2. Le sens de l'humour.
3. Le dynamisme dans ma façon d'enseigner.
4. Un accueil de qualité le matin (qualité du bonjour).
5. L'écoute et la sensibilité à ce que vivent les élèves : problèmes personnels, conflits, états d'âme, fatigue, etc.
6. La patience.
7. Le respect, la compréhension et l'acceptation des erreurs de mes élèves[5].
8. Le goût de prendre le temps pour trouver avec eux les solutions aux difficultés rencontrées.
9. L'authenticité.
10. Une image de moi positive.
11. De la souplesse alliée à de la rigueur : je sais fixer les limites et fournir aux élèves une structure d'encadrement à l'intérieur de laquelle ils

3. Voir les parties 4 et 7 à ce sujet. Le lecteur aura compris que nous nous plaçons, dans cet ouvrage, dans une perspective de gestion de classe qui prévaut en Europe actuellement. Il existe bien sûr des pays où la mise en scène de l'activité d'apprentissage s'organise de manière différente. Sans approfondir cette distinction, nous considérons ici tant **l'élève comme acteur social présent dans la classe** et dont les modes d'être et de faire sont inscrits dans des environnements culturels différents, que **le sujet apprenant, être abstrait qui gère en profondeur ses apprentissages.**

4. http://www.occe93.net/ressources/documents/1/4362mq5TFkuhf6oSyx6pR6B3.pdf. Cet article s'adresse à tous les enseignants quelle que soit leur discipline.

5. Voir partie 2.

peuvent bénéficier d'une certaine liberté, de souplesse et d'espaces de négociation.
12. L'élaboration d'un référentiel disciplinaire avec mes élèves, sans omettre les conséquences agréables comme désagréables.
13. La présence d'activités d'accueil dans la classe en début d'année.
14. L'expérimentation de l'entraide et de la coopération, par l'utilisation de formes de regroupements variées.
15. L'élaboration avec les élèves d'une banque de stratégies pour résoudre les conflits.
16. L'engagement des élèves dans la vie de la classe, par sa décoration, son aménagement, le partage de responsabilités...
17. L'utilisation et l'animation d'un conseil (débat réglé).
18. L'auto-évaluation ponctuelle des attitudes et comportements.
19. Les gestes délicats que je peux poser pour souligner les anniversaires des élèves.
20. Les possibilités que je donne pour parler de la « vraie » vie avec mes élèves (philosopher).

Comment faire pour que ces vingt stratégies ne restent pas qu'un idéal qui semble de prime abord impossible à atteindre ? Une réflexion sur les comportements des apprenants et de l'enseignant – et sur l'évaluation de ces comportements – devrait permettre d'apporter des éléments de réponse.

2. Les comportements des apprenants

Dans la liste proposée ci-dessus, quatre points concernent particulièrement les apprenants ; ils ont trait, d'une part, à la mise en place d'un référentiel disciplinaire et, d'autre part, à l'impact de formes de regroupements variées.

2.1. Pour un référentiel disciplinaire

« L'élaboration d'un référentiel disciplinaire avec [les] élèves, sans omettre les conséquences agréables comme désagréables » (stratégie 12) est une nécessité et pourrait intégrer la banque de stratégies destinée à résoudre les conflits (stratégie 15). Ce référentiel, destiné aussi bien à distribuer félicitations que réprimandes, peut faire l'objet d'un avenant au contrat qui lie les apprenants et l'enseignant[6].

6. Voir partie 2.

Un tel référentiel qu'Hélène Boulay désigne sous le nom de code de discipline en classe postule que « chaque étudiant a le droit de bénéficier d'un environnement pédagogique propice à l'étude ; il est en droit de comprendre ce qu'on attend de lui, ce qu'il doit faire, où, quand et pourquoi il doit le faire ; il a le devoir de contribuer à créer et maintenir cet environnement paisible, ordonné et favorable à l'apprentissage en adoptant des comportements compatibles avec l'environnement souhaité. La responsabilité de cet environnement pédagogique est partagée.[7] » Il a pour objectif général de « maintenir un climat propice à l'apprentissage » avec « l'établissement d'un code de fonctionnement de l'interaction en classe » et comme objectifs spécifiques de/d' :
« – faciliter la gestion, l'organisation, le fonctionnement et la discipline ;
– favoriser une plus grande efficacité dans les apprentissages ;
– sécuriser et responsabiliser les étudiants ;
– harmoniser les rapports, prévenir les conflits et assurer une gestion transparente ; [...] »
L'élaboration d'un tel « code nécessite au départ :
– que les comportements attendus et interdits dans la classe soient identifiés ;
– que les diverses activités ayant lieu dans la classe aient été précisées ;
– que tous les éléments du code aient un effet sur l'acte d'apprendre ; [...]

Les principes de base du code de fonctionnement de la classe encadrant l'acte pédagogique impliquent que chaque règle doit...
1. Être spécifique à un contexte : les présences, les examens, les travaux, les laboratoires, l'enseignement (par exemple, indiquer les modalités de l'exposé, les modalités d'intervention), la classe comme lieu physique, les corrections, les lectures, les documents et le matériel utilisé, etc. [...] ;
2. Être formulée de façon positive en précisant ce qu'il faut faire (par exemple, « vous êtes responsables de vos apprentissages, vous devez prendre l'initiative de clarifier un point obscur de la matière ») ;
3. Porter sur des aspects généraux (par exemple, porter plus sur des aspects qualitatifs généraux souhaités que sur des comportements spécifiques visés comme « Le respect des opinions d'autrui est de mise » plutôt que « Il ne faut pas rire des questions d'autrui ») ;
4. Être en nombre limité (limiter le nombre de règles à l'essentiel ; prévenir les problèmes disciplinaires et non restreindre les libertés individuelles) ;

---

7. Hélène Boulay, *Établir un code de discipline en classe* in *Créer un climat favorable à l'apprentissage*. Recueil de textes. Texte 3 : http://sdp.cmaisonneuve.qc.ca/PDF/soutien_enseignement/textesA_climat_apprentissage.pdf
Le texte 3 s'adresse spécifiquement à des apprenants canadiens qui étudient à l'université mais son contenu est applicable dans toutes les situations d'enseignement du FLE.

5. Avoir une articulation claire et univoque. Par exemple, la règle « Vous êtes responsables de vos apprentissages, vous devez prendre l'initiative de clarifier un point obscur de la matière » est claire et fonctionnelle lorsque...

a. son fonctionnement et son application sont précisés tel « Si vous avez des questions à poser [...], [n'hésitez pas]. Si cela ne vous suffit pas, [n'hésitez pas à me contacter en dehors de la classe] ;

b. le rationnel et les raisons la justifiant sont communiqués tel « Prendre l'initiative pour clarifier un élément de la matière aide à apprendre à apprendre et développe l'autonomie » ;

c. les exceptions d'une règle [...] sont communiquées tel « En cas d'absence justifiée, consultez-moi immédiatement [...] vous pourrez ainsi effectuer plus rapidement le rattrapage »[8] ;

Un tel code de fonctionnement, puisqu'il vise à responsabiliser les élèves, est de nature à développer entre apprenants l'entraide et la coopération par l'utilisation de formes de regroupements variés (stratégie 14) et d'engager les élèves dans la vie de la classe : décoration, aménagement de la salle de cours, partage des responsabilités (stratégie 16).

2.2. Pour des formes de regroupements variées

Ces regroupements peuvent être organisés selon différentes configurations spatiales, à l'impact diversifié, comme l'illustrent les documents pages 116 et 117 (Fenêtres sur cours 1 et 2).

D'autres regroupements peuvent être envisagés à partir de ces schémas : par exemple, à partir du schéma 1, si l'on veut travailler rapidement en groupes, on demandera aux apprenants de se retourner pour former un groupe de 4 ou de 6. Un tel dispositif, très simple à utiliser, permet de surcroît de mettre fréquemment en place des groupes hétérogènes (les apprenants choisissent souvent de s'asseoir à côté de leurs ami(e)s, mais il est plus rare de choisir de s'asseoir derrière ses ami(e)s !).

8. Hélène Boulay, *op. cit.*

Fenêtre sur cours 1 :
Différentes configurations spatiales pour la classe – présentation[9]

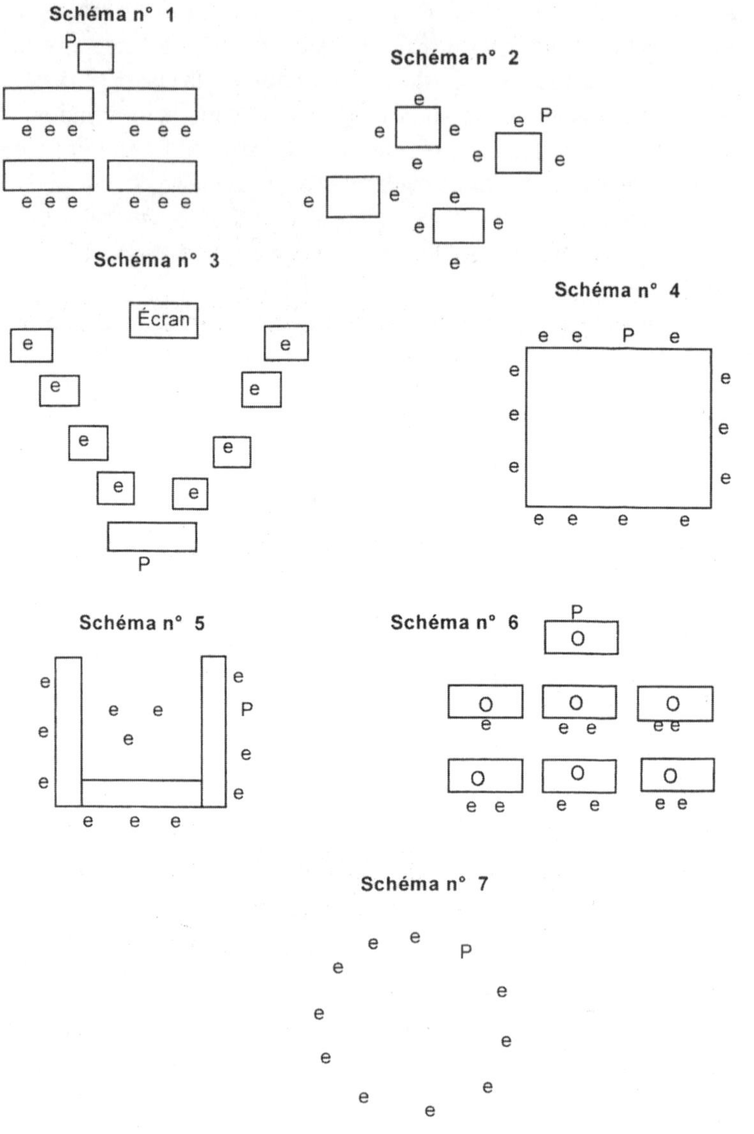

Schéma n° 1

P

e e e e e e

e e e e e e

Schéma n° 2

e e e e P e e e e e e e e

Schéma n° 3

Écran

e e e e e e e e e

P

Schéma n° 4

e e P e

e e e e e e

e e e e

Schéma n° 5

e e e e e e P e e

e e e

Schéma n° 6

P

O

O O O

e e e e e

O O O

e e e e e e

Schéma n° 7

e e P e e e e e e e e

Puren C., Bertocchini P. & Costanzo E., *Se former en didactique des langues*, Paris, Éditions Ellipses, 1998, p. 27.

9. e = élève ; P = professeur ; O = ordinateur.

Fenêtre sur cours 2 : Différentes configurations spatiales pour la classe – analyse

	Schémas n°						
	1	2	3	4	5	6	7
a. contrôle constant par l'enseignant sur chacun des élèves	F	N F	F	F	F	NF	F
b. contrôle constant par l'enseignant de la langue employée par les élèves	F	NF	F	F	F	NF	F
c. correction par l'enseignant d'un maximum d'erreurs commises à l'oral par les élèves	F	NF	F	F	F	NF	F
d. communications directes entre élèves	NF	F	F	F	F	F	F
e. suivi individuel des élèves par l'enseignant	NF	F	NF	NF	NF	NF	NF
f. utilisation de matériels collectifs d'enseignement	F	NF	F	F	F	F	F
g. variation maximale des modes d'intervention de l'enseignant	NF	F	NF	NF	NF	F	NF
h. travail autonome des élèves	NF	F	NF	NF	NF	F	NF
i. pédagogie différenciée	NF	F	NF	NF	NF	F	NF

N.B. Ce tableau correspond à l'utilisation la plus générale des différentes dispositions de classe. Mais il est toujours possible de les « subvertir » : un enseignant, par exemple, peut faire du travail en groupes pour mieux gérer la discipline : il va constituer un groupe avec les élèves les plus « dissipés », et se mettre avec eux, pour ainsi les surveiller de près !

Puren C., Bertocchini P. & Costanzo E., *Se former en didactique des langues*, Paris, Ellipses, 1998, p. 178.

L'impact de chacun de ces dispositifs sur la communication en classe peut être analysé de la manière suivante – « F » : favorise la communication ; « NF » : ne favorise pas la communication (voir fenêtre sur cours 1).

Ces regroupements variés peuvent prendre la forme de/d' :
– groupes de travail (sur une tâche linguistique orale ou écrite simple ou complexe) ;
– ateliers à thèmes : réalisation d'une affiche sur un thème donné, rédaction d'un dialogue de théâtre, comme dans l'illustration page 118, etc. ;

Fenêtre sur cours 3 :
Atelier à thème – écrire un dialogue de théâtre

D6 TECHNIQUES POUR...

écrire un dialogue de théâtre

Tragique ou comique, le théâtre se définit d'abord par les dialogues, qui constituent l'essentiel du texte. Au théâtre, les phrases échangées par les personnages constituent des « répliques ». Les répliques de théâtre assument des fonctions qui les rendent différentes des dialogues de la communication courante.

EXEMPLE

1 Lisez l'extrait de pièce ci-dessous.

Repérez le titre de l'œuvre et son auteur, puis déterminez le style de la pièce.

2 Déterminez la situation de départ de la scène.

Repérez le lieu et les personnages. Pourquoi sont-ils facilement identifiables ?

Lieu : ...
Personnage 1 : ...
Personnage 2 : ...

3 Repérez toutes les indications « hors dialogue ». À quoi servent-elles ?

1) Madame lit un livre ; 2) Irma entre et apporte ... ; 3) ...

→ Ces indications textuelles ou **didascalies** sont toujours écrites en italique. Elles indiquent les jeux de scènes, les expressions du visage, les gestes, le ton des personnages ou les éléments de décor.

Personnages :
MADAME DE PERLEMINOUZE
IRMA, servante de Madame
Décor :
un salon plus 1900 que nature. Au lever du rideau, Madame est seule. Elle est assise sur un sofa et lit un livre.

IRMA, *entrant et apportant le courrier.*
Madame, la poterne vient d'élimer le fourrage...

Elle tend le courrier à Madame, puis reste plantée devant elle, dans une attitude renfrognée et boudeuse.

MADAME, *prenant le courrier.*
C'est tronc !... Sourcil bien !... *(Elle commence à examiner les lettres puis, s'apercevant qu'Irma est toujours là :)* Eh bien, ma quille ! Pourquoi serpez-vous là ? *(Geste de congédiement.)* Vous pouvez vidanger !

IRMA
C'est que, Madame, c'est que...

MADAME
C'est que, c'est que, c'est que quoi-quoi ?

IRMA
C'est que je n'ai plus de « Pull-over » pour la crécelle...

MADAME, *prend son grand sac posé à terre à côté d'elle et après une recherche qui paraît laborieuse, en tire une pièce de monnaie qu'elle tend à Irma.*

Gloussez ! Voici cinq gaulois ! Loupez chez le petit soutier d'en face : c'est le moins foreur du panier...

IRMA, *prenant la pièce comme à regret, la tourne et la retourne entre ses mains, puis.*
Madame, c'est pas trou : yaque, yaque...

MADAME
Quoi-quoi : yaque-yaque ?

IRMA, *prenant son élan.*
Y-a que, Madame, yaque j'ai pas de gravats pour mes haridelles, plus de stuc pour le bafouillis de ce soir, plus d'entregent pour friser les mouches... plus rien dans le parloir, plus rien pour émonder, plus rien... plus rien... *(Elle fond en larmes.)*

MADAME, *après avoir vainement exploré son sac de nouveau et l'avoir montré à Irma.*
Et moi non plus, Irma ! Ratissez : rien dans ma limande !

IRMA, *levant les bras au ciel.*
Alors ! Qu'allons-nous mariner, Mon Pieu ?

MADAME, *éclatant soudain de rire.*
Bonne quille, bon beurre ! Ne plumez pas ! J'arrime le Comte d'un croissant à l'autre. *(Confidentielle.)* Il me doit plus de cinq cents crocus !

Jean Tardieu, *La comédie du langage*, « Un mot pour un autre », © Éditions Gallimard, 1987

88 | *quatre-vingt-huit* | Dossier 6

Dollez C. (dir.), *Alter ego* C1 → C2, Paris, Hachette, 2010, p. 88.

4 Relisez les différentes répliques.

1. Comprend-on ce que disent les personnages ? Pourquoi ?
2. Pourquoi certains mots sont-ils identifiables et certaines phrases compréhensibles ?
3. Reconstituez un texte cohérent en choisissant les mots qui vous semblent convenir.

5 Observez l'enchaînement des répliques et notez quand le passage d'une réplique à une autre se fait :

- par interruption (un personnage coupe la parole à un autre) ;
- par enchaînement (le second personnage reprend les mots du premier).

→ De la **tirade** à l'**échange vif**, la taille des répliques est variable. Le dialogue peut aussi laisser place au **monologue**, qui permet d'éclairer la psychologie du personnage.

RÉDACTION

Écrire, dans le style de la pièce de Tardieu, un échange de répliques absurdes sur le thème de l'Union européenne (entre dix et quinze répliques).

1 Caractériser les deux personnages de la scène :

- nom, prénom, apparence physique, profession... ;
- caractère, origine sociale, géographique... ;
- état émotionnel ;
- les relations qu'ils entretiennent.

2 Définir le nœud de l'action, qui va justifier la scène

Un couple/Des amis/Un(e) marchand(e) et un(e) client(e) se disputent à propos d'une nouvelle réglementation européenne sur les fruits et légumes/les fromages...

3 Décrire précisément le décor de la scène

Un marché, une cuisine, une salle à manger...

4 Rédiger

- Donner à chaque personnage une façon de parler appropriée à son état émotionnel : rythme, ton, phrasé, accent...
- Écrire d'abord les répliques de façon « normale », puis transformer les substantifs, les adjectifs et les verbes en mots « décalés ». Se laisser guider par la sonorité.
- Installer une progression : le ton doit monter régulièrement jusqu'à la fin de la scène.
- Insérer des didascalies très précises. Les gestes et les intonations des personnages doivent être en accord avec leur psychologie.

POUR...
rédiger des didascalies

> **Utiliser des adverbes ou expressions adverbiales pour caractériser la manière de dire la réplique**
Prudemment, brutalement, sèchement, entre ses dents, avec gentillesse/ colère/ intérêt/inquiétude/agacement, sans ambages, interrompant son interlocuteur...

> **Donner le ton de la voix**
D'une voix glaciale, agacée, posée, offensée, mielleuse...

> **Préciser l'intensité vocale et le débit**
Murmurant, maugréant, bégayant, bafouillant, les mots se bousculant dans sa bouche, choisissant ses mots avec soin, à voix haute et joyeuse, à mi-voix, à voix basse, en aparté...

> **Indiquer l'état émotionnel**
Fondant en larmes, exultant de joie, compatissant, se réjouissant, devenant méfiant(e), dans une attitude boudeuse...

> **Utiliser des verbes de déclaration qui indiquent le rapport de force entre les personnages**
Domination : asséner, triompher, reprocher...
Position de faiblesse : reconnaître, s'excuser, se soumettre, admettre...

> **Indiquer les mouvements**
Se levant, marchant de long en large, réprimant un mouvement d'humeur, hochant la tête, se frottant les mains, prenant son élan, s'épongeant le front, levant les bras au ciel, d'un geste de la main...

RELECTURE

Vérifier que :

- les répliques sont courtes et les enchaînements variés ;
- le dialogue génère du conflit et de l'action ;
- les didascalies sont suffisamment détaillées ;
- l'effet comique est réussi ;
- la ponctuation est soignée (elle donne le ton du texte).

Lire les dialogues à voix haute afin de tester leur rythme et leur phrasé.

Puis jouer la scène à deux.

Dossier 6 | *quatre-vingt-neuf* | 89

Dollez C. (dir.), *Alter ego* C1 → C2, Paris, Hachette, 2010, p. 89.

– discussions, débats par groupes débouchant sur une synthèse collective où les rapporteurs des groupes viennent exprimer l'opinion des apprenants qu'ils représentent, comme dans l'extrait suivant ;

Fenêtre sur cours 4 : Exemple d'un débat par groupes

I. ORGANISER LE DÉBAT

Réunion 1 : le comité d'entreprise

C'est une instance de l'entreprise où sont réunis les représentants du personnel et la direction et où sont notamment examinés tous les problèmes liés au fonctionnement de l'entreprise (compression de personnel, transfert, etc.). La direction doit ici informer le personnel de la décision de fermeture prochaine de l'usine.

1. Préparez la réunion

On peut maintenant essayer de tenir (simuler) la première réunion à l'aide des éléments de situation qui viennent d'être présentés, c'est-à-dire :

- les données générales (p. 158),
- les fiches intervenants (pp. 161-163).

Le schéma directeur de la page suivante définit le déroulement de la réunion.

a) Tous ensemble

– Étude du **schéma directeur** de la page suivante (la boule ◯ représente le locuteur, les flèches ⇶ les interventions en direction de l'interlocuteur, les traits [ ]》l'attitude de celui à qui s'adresse l'intervention) :

position initiale des intervenants ;
position finale ;
passage de l'une à l'autre.

– Les interventions (il peut y en avoir plusieurs de part et d'autre à l'occasion d'un échange) : en préciser le nombre.

– Pour chaque intervention, son orientation, son contenu (cf. éléments de situation, pp. 158, 159).

b) En groupes restreints (cinq, six personnes)

Chaque groupe va travailler sur un rôle. Il devra :

– s'identifier à ce rôle et défendre les conceptions et les intérêts du groupe représenté (cf. fiches intervenants, pp. 161-163) ;

– analyser et commenter les composantes fondamentales du rôle (éventuellement apporter des précisions) en vue d'adopter le comportement verbal correspondant ;

– rédiger, chaque fois que le personnel doit intervenir, un projet d'intervention (au moment du jeu de rôles, on devra procéder à l'insertion exacte de l'intervention dans l'ensemble des échanges), en précisant chaque fois :

l'orientation générale de l'échange,
les arguments venant à l'appui,
un membre du groupe prend le rôle en charge.

2. Jouez/commentez

a) Les étudiants choisis pour chacun des rôles tiennent la réunion conformément au schéma directeur de la page 165.

b) Commentaire par les auditeurs à l'issue de la réunion destiné à apprécier la qualité et la pertinence des enchaînements des différentes interventions.

3. Prise de notes

Un étudiant sera chargé de la rédaction du procès-verbal de séance. Ce procès-verbal sera relu par l'ensemble des étudiants, commenté, avant la préparation de la réunion suivante. Il constituera, en quelque sorte, la mémoire du groupe.

Un autre étudiant sera chargé de la rédaction d'un bref compte rendu qui sera publié dans le quotidien régional *Sud-Ouest*.

G. Vigner, *Perspectives*, Paris, Hachette, 1991, p. 164.

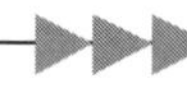

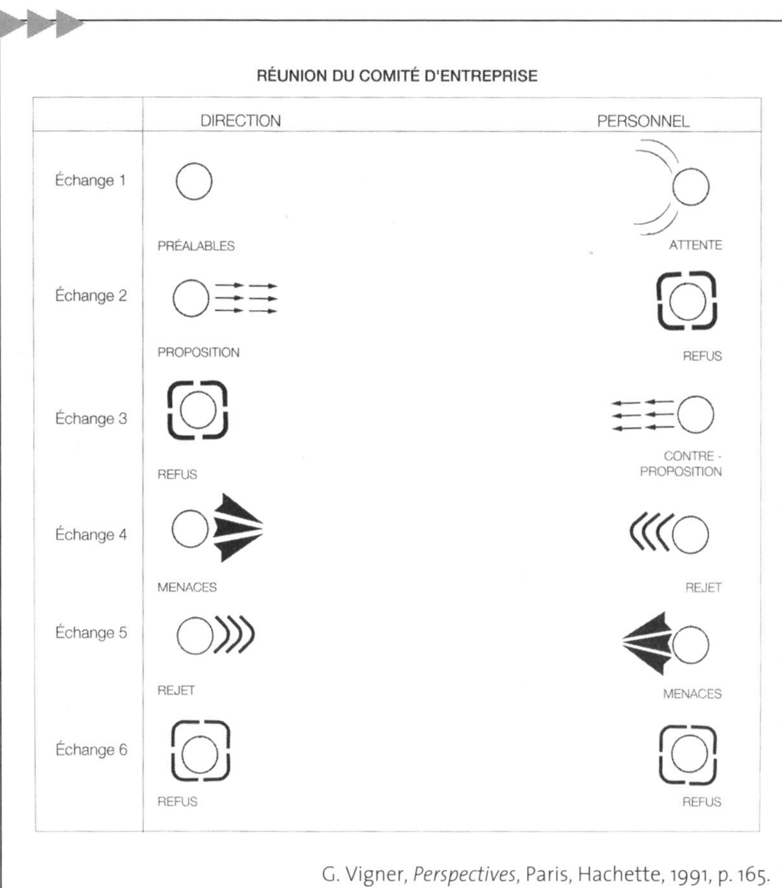

G. Vigner, *Perspectives*, Paris, Hachette, 1991, p. 165.

– activités de simulation (jeux de rôles, écriture à plusieurs mains d'un scénario de film, etc.), ce qu'illustre l'extrait page 122 ;

Fenêtre sur cours 5 : Organiser une simulation

Jumelage

VOUS AVEZ DÉCIDÉ DE FAIRE LE JUMELAGE DE VOTRE VILLE AVEC UNE VILLE FRANÇAISE.
Vous voulez promouvoir les échanges associatifs avec la France. Vous créez un comité de jumelage.

DÉCISIONS

❶ **Faites la liste des membres du comité : personnalités de votre ville engagées dans des activités citoyennes et représentants des mouvements associatifs. Choisissez des associations représentatives de votre ville. Aidez-vous des éléments de l'unité 6.**

❷ **Désignez le président du comité de jumelage. Pour organiser le vote, reportez-vous à l'unité 8.**

❸ **Rédigez :**

1. la carte d'identité de chaque association présente dans le comité :
   – Nom de l'association : … – Date de création : …
   – Nom du président : … – Nombre de membres : …
   – Buts de l'association : … – Activités proposées aux membres : … – Mode de financement : …
2. la carte d'identité des autres membres du comité :
   Pour une personnalité politique :
   – Parti auquel il appartient : …
   – Fonctions actuelles : …
   – Principales étapes de sa carrière politique : …
   – Actions pour lesquelles il milite : …
   Pour une personnalité du monde des arts, de la science, de l'économie, etc. :…
   – Domaine dans lequel il est connu : …
   – Fonctions actuelles : …
   – Principales étapes de sa carrière : …
   – Activités qui l'ont fait connaître : …

❹ **Choisissez la ville de France avec laquelle vous voulez faire le jumelage.**
Reportez-vous à la carte p. 6. Recherchez un point commun entre cette ville et la vôtre :

1. son nom se rapproche du nom de votre ville ;
2. des raisons historiques (un de vos compatriotes s'est illustré dans cette ville ou un Français originaire de cette ville s'est illustré chez vous) ;
3. des raisons économiques (une entreprise française originaire de cette ville s'est implantée chez vous, vous produisez dans votre région les mêmes produits que ceux de cette ville ou vous avez le même type d'activités) ;
4. des raisons géographiques (votre ville est située au bord de la mer, dans une région montagneuse, etc. comme cette ville française).
   Faites des propositions argumentées.
   Tirez au sort la personnalité ou l'association que vous représentez parmi les fiches rédigées.

ÉCRITS ET JEUX DE RÔLE

❶ **La première réunion du comité de jumelage a lieu. Vous faites la liste des atouts de votre ville pour réussir un jumelage.**
En petits groupe, rédigez :

1. la fiche signalétique de votre ville (nombre d'habitants, situation administrative, principales activités).
2. les tableaux, les graphiques des associations (exemples dans l'unité 6),

❷ **En petits groupes, rédigez la lettre de proposition de jumelage destinée à la ville française que vous avez choisie.**

Soyez persuasifs. Reportez-vous à l'unité 6. Chaque groupe présente sa lettre.

❸ **La deuxième réunion du comité de jumelage a lieu pour décider d'un programme d'échanges avec la ville jumelée.**

Chaque représentant d'association fait des propositions sur :

1. les dates ;
2. les nombre de jours ;
3. les types de manifestations proposées (en rapport avec les activités des associations et des personnalités du comité) ;
4. les lieux où se dérouleront les manifestations ;
5. les aspects financiers (manifestations gratuites/payantes).

Rédigez le programme que vous joindrez à la lettre de proposition de jumelage.

❹ **Vous invitez une délégation de parlementaires français en visite dans votre pays pour leur demander d'appuyer votre projet.**

Une partie du groupe joue les membres du comité de jumelage, l'autre les parlementaires français. Vous essayez de convaincre les parlementaires de tous les avantages d'un jumelage de votre ville avec la ville choisie.
Les parlementaires interrogent les différents membres du comité pour obtenir des renseignements sur leurs activités.

❺ **Un journaliste français, présent à la réunion, rédige le compte rendu de cette rencontre. Écrivez l'article sur un ton humoristique. Vous pouvez vous aider des textes de l'unité 8.**

Massacret É., Pons S. & Mothe P., *Café crème 4*, Paris, Hachette, 1999, p. 165.

– tâches d'entraide (partage des connaissances techniques en informatique) ;
– tâches quotidiennes exécutées en équipe (décoration de la classe, recensement et mise à jour de la bibliothèque de classe, etc.).

La plupart de ces activités d'entraide/coopération peuvent faire l'objet d'une approche différenciée et permettre à des groupes d'apprenants de rattraper leur retard par rapport à l'ensemble de la classe. L'enseignant demandera, par exemple, aux apprenants les plus compétents de jouer le rôle de moniteurs et de prendre en charge ponctuellement leurs camarades les moins avancés, lors de la réalisation d'une tâche simple, grammaticale par exemple[10].

Ces activités de groupe permettent également d'activer le sentiment naturel d'émulation (Qui n'a jamais rêvé d'être le meilleur ?) et d'améliorer les comportements des élèves parce que motivantes. Elles peuvent prendre la forme :
– d'un concours : réaliser la jaquette d'un livre, résumer un roman en un nombre de lignes défini, imaginer des animaux/êtres fantastiques, leur milieu, leur mode de vie, organiser un concours du type « questions pour un champion » comme dans l'exemple page 124, etc.[11]

10. « Tel est le principe de la méthode appelée *méthode mutuelle*. Cette méthode, issue de l'*école mutuelle*, a connu son heure de gloire au XIXe siècle, à une époque où la France souffrait d'une pénurie chronique de maîtres. À l'école mutuelle, un seul instituteur pouvait prendre en charge plusieurs centaines d'élèves, son enseignement étant relayé jusqu'à l'élève débutant par des élèves plus âgés appelés moniteurs généraux, intermédiaires... » (Robert J.-P., *Dictionnaire* pratique *de didactique du FLE*, Paris, Ophrys, 2008, p. 32). Dans de telles conditions d'enseignement/apprentissage, l'objectif d'entraide et de coopération était un objectif second.

11. Le jeu et la créativité, encouragés par l'approche communicative, sont peu pris en compte dans les manuels contemporains de FLE. Faut-il y voir une influence directe du *CECR* qui n'y accorde qu'une attention passagère ? Le jeu est pourtant une source profonde de motivation dans tous les publics d'apprenants comme le montre l'ouvrage de H. Silva (*Le jeu en classe de langue*, Paris, Clé International, 2008).

Fenêtre sur cours 6 : Organiser un concours de type « questions pour un champion »

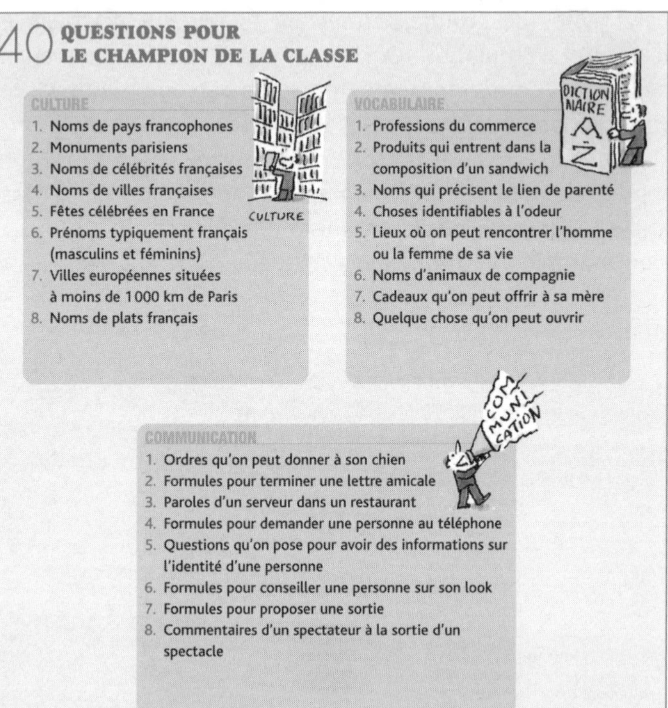

SAVOIRS

Formez des équipes. Choisissez un secrétaire qui notera les réponses du groupe. Vous disposez de 90 secondes par question pour donner un maximum de réponses. Un point est accordé pour chaque question à l'équipe qui a donné le plus grand nombre de réponses exactes.

40 QUESTIONS POUR LE CHAMPION DE LA CLASSE

CULTURE

1. Noms de pays francophones
2. Monuments parisiens
3. Noms de célébrités françaises
4. Noms de villes françaises
5. Fêtes célébrées en France
6. Prénoms typiquement français (masculins et féminins)
7. Villes européennes situées à moins de 1 000 km de Paris
8. Noms de plats français

VOCABULAIRE

1. Professions du commerce
2. Produits qui entrent dans la composition d'un sandwich
3. Noms qui précisent le lien de parenté
4. Choses identifiables à l'odeur
5. Lieux où on peut rencontrer l'homme ou la femme de sa vie
6. Noms d'animaux de compagnie
7. Cadeaux qu'on peut offrir à sa mère
8. Quelque chose qu'on peut ouvrir

COMMUNICATION

1. Ordres qu'on peut donner à son chien
2. Formules pour terminer une lettre amicale
3. Paroles d'un serveur dans un restaurant
4. Formules pour demander une personne au téléphone
5. Questions qu'on pose pour avoir des informations sur l'identité d'une personne
6. Formules pour conseiller une personne sur son look
7. Formules pour proposer une sortie
8. Commentaires d'un spectateur à la sortie d'un spectacle

Berthet A. *et al.*, *Alter ego 1*, Paris, Hachette, 2006, p. 166.

– d'un jeu : mise en scène de jeux de rôles, de mimes, etc.
dont les résultats sont évalués par l'ensemble de la classe et faire l'objet d'une récompense (remise d'une coupe, d'un trophée à l'équipe gagnante) à remettre en jeu lors d'une prochaine séance[12]. Dans cette

12. Autant on peut encourager l'émulation en groupes, autant il faut éviter l'émulation individuelle qui peut générer conflits et découragement.

perspective, les actes de l'apprenant, même s'ils sont individuels, s'inscrivent dans une dimension collaborative, de surcroît durable. Un tel apprentissage collectif exige la mise en œuvre de capacités illustrées dans la figure suivante.

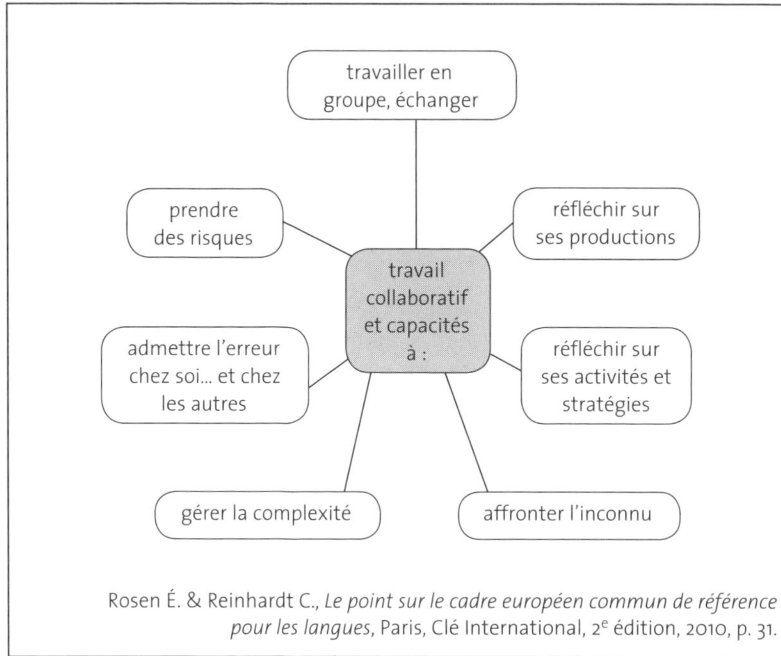

Rosen É. & Reinhardt C., *Le point sur le cadre européen commun de référence pour les langues*, Paris, Clé International, 2e édition, 2010, p. 31.

3. Les comportements de l'enseignant

Pour un enseignant, apprendre à gérer efficacement les comportements des apprenants, c'est d'abord apprendre à se gérer soi-même et à faire preuve, comme le souligne Y. Gilson, de nombreuses qualités qui reflètent sa personnalité, son caractère.

3.1. Les qualités humaines de l'enseignant

Un enseignant, y compris de FLE, doit d'abord :

– donner de lui-même une image authentique (stratégie 9), positive (stratégie 10) ;

– anticiper, comme le souligne F. Hervieu-Wane dans l'extrait page 126.

Au niveau de la classe : anticiper

Le maître mot pour s'assurer d'un bon climat de classe est l'anticipation. On peut donc conseiller de :

– Rappeler les deux principales règles de toute vie scolaire en début d'année, voire à chaque rentrée de vacances : respecter autrui et s'engager dans l'apprentissage. Ces deux principes englobant tous les autres.

– Savoir comment fonctionne une classe standard avec « ses hauts et ses bas ». On sait par exemple que les comportements perturbateurs des élèves surviennent en moyenne environ toutes les quatre minutes. Seule parade ici : faire preuve de rythme, entraîner l'attention du groupe de manière soutenue, éviter les tâtonnements. Et donc se montrer capable de faire face à l'imprévu !

– Chercher les causes potentielles de tensions : Même si l'enseignant n'y peut pas toujours grand-chose, plus conscient des raisons, il peut mieux les contourner. Une tension peut parfois provenir de relations tendues entre filles et garçons pour une question précise, d'un emploi du temps qui pose problème à l'ensemble de la classe ou à un élève en particulier, ou plus trivialement de perturbations liées aux rythmes de l'élève (manque de sommeil, alimentation déséquilibrée, trajet domicile/école interminable, etc.).

Hervieu-Wane F., *Guide du jeune enseignant*, Éditions Sciences Humaines, Auxerre, 2009, p. 28.

– être dynamique dans sa façon d'enseigner (stratégie 3) ;
– faire preuve de souplesse et de rigueur en même temps : il sait fixer les limites et fournir aux élèves une structure d'encadrement à l'intérieur de laquelle ils peuvent bénéficier d'une certaine liberté, de souplesse et d'espaces de négociation (stratégie 11).

En effet, le professeur n'oubliera jamais qu'il est le leader. Un leader, qu'il soit politique, syndical ou enseignant, n'est jamais suivi s'il ne sait pas donner de lui une image authentique, positive, s'il n'est pas dynamique. Le comportement qu'il affiche n'est ni autoritaire, ni laxiste. Il n'est ni le chef, ni l'autocrate, ni l'ami, ni le copain, il est investi moins d'un pouvoir que d'une mission et cette mission exige conjointement et alternativement souplesse et rigueur.

Un enseignant doit aussi :
– être de bonne humeur, être souriant (stratégie 1) ;
– avoir le sens de l'humour (stratégie 2).

Ces qualités sont primordiales. Chacun sait que la bonne humeur est communicative et qu'elle est un facteur non négligeable dans la réalisation d'une tâche. Quant à l'humour, c'est un véritable art de vivre, de se comporter en société, y compris dans cette microsociété qu'est la classe. L'humour[13] est également une arme efficace qui permet de réagir dans des situations imprévues (faute d'orthographe de l'enseignant au tableau, signalée par un apprenant ; conflits entre élèves) : « Mais où ai-je la tête ? Il va falloir qu'on inverse les rôles et que vous me donniez des leçons d'orthographe ! », « Oh là là ! Voilà que le chien et le chat recommencent à se chamailler ! ».

3.2. Les qualités relationnelles de l'enseignant

Un enseignant doit enfin, à l'endroit de ses élèves, faire preuve :
- de **respect** (stratégies 4 et 13) et de compréhension (stratégie 7) ;
- de **patience** (stratégie 6) et de **disponibilité** (stratégies 8 et 5) ;
- de **délicatesse** (stratégie 19) ;
- d'**ouverture d'esprit** (stratégie 20).

Le respect est mutuel. Les élèves respectent un professeur si celui-ci les respecte. Ces marques de respect peuvent par exemple se traduire d'abord par le vouvoiement qui a en outre l'avantage de marquer la distance obligatoire entre l'enseignant et l'enseigné[14]. Certains manuels encouragent à mener une réflexion en classe dans ce domaine.

Fenêtre sur cours 7 : Vouvoyer l'enseignant / tutoyer les élèves ?

Regardez le dessin. Qui dit *tu* ? Qui dit *vous* ? Imaginez les dialogues.

Quel est l'équivalent de ***tu*** ou ***vous*** dans votre langue ?

Baylon *et al.*, *Forum 1*, Paris, Hachette, 2000, p. 18.

---

13. L'humour est à distinguer de l'ironie qui est à éviter absolument. En effet, l'ironie peut se révéler désastreuse dans une classe, notamment d'adolescents, puisqu'elle porte atteinte à la personnalité et à l'honneur. Pour aller plus loin sur la question : Cormanski A. & Robert J.-M. (dir.), « L'humour en classe de langue », *Le français dans le monde, Recherches et Applications*, 2002.

14. En reliant théorie et pratiques de classe, on pourra intégrer ce choix du tutoiement/vouvoiement en classe dans un principe plus général relevant de l'approche actionnelle : considérer la classe comme une société authentique à part entière qui peut revendiquer des formes communicatives propres, négociées, où place est rendue aux acteurs de l'échange (Rosen É. & Reinhardt C., *op. cit.*, 2010, p. 23).

Ces marques de respect se traduisent également par la qualité de l'accueil fait aux apprenants chaque jour et notamment en début d'année scolaire. Savoir dire bonjour en souriant (« la qualité du bonjour »), exiger la réciproque, c'est initier – dès la porte – les apprenants à cette activité si importante qu'est l'interaction en FLE !

En début d'année scolaire, les salutations se doublent de présentations. C'est peut-être le moment le plus important de l'année, celui où se jouent les futures relations maître-élèves, celui où l'enseignant est jugé et doit imposer son leadership. En conséquence, il doit – autre signe de respect – mémoriser très rapidement le nom de ses élèves et « favoriser l'établissement d'une relation entre les élèves de la classe ». Créer un « trombinoscope » – une feuille A4 avec les photos, nom et prénoms de chaque apprenant, organisée de préférence selon le plan de classe qui sera en vigueur au moins dans les premières semaines de cours – peut être utile et appréciable quand plusieurs enseignants interviennent dans la même classe. D'autres moyens, plus personnels, sont également à la disposition de l'enseignant.

Fenêtre sur cours 8 :
Partage d'expérience pour mémoriser les noms des élèves

Un participant dit mieux mémoriser en associant les noms avec des caractéristiques physiques. Pendant que les élèves travaillent en laboratoire ou en équipe, il fait un petit dessin, note un mot, pour chaque élève en faisant ressortir une caractéristique de la personne. Il prend bien soin de garder cette liste de descriptions pas nécessairement flatteuses à l'abri des regards indiscrets.

Louise Gatien, *Pour créer un climat de classe propice*. Recueil de textes. Texte 4 : *http://sdp.cmaisonneuve.qc.ca/PDF/soutien_enseignement/textesA_climat_apprentissage.pdf*, p. 15[15].

Mettre en place des activités « SMART » peut être le mot d'ordre pour assurer une bonne ambiance de classe, comme le synthétise le guide pédagogique page 129.

15. Dans ce texte, Louise Gatien propose un répertoire exhaustif des moyens utilisés par les enseignants pour retenir les noms des étudiants.

Fenêtre sur cours 9 : Mettre en place des activités SMART

1. L'ambiance de classe

L'espace se doit d'être accueillant. Avant d'entrer dans la classe, les élèves doivent se sentir attendus. Lorsque cela est possible, préparer pour chaque classe, la liste des élèves sous une forme ludique et originale (avec des photos ou des dessins par exemple). Soigner également la porte de la classe. Elle peut déjà donner un avant-goût de votre cours (photos, phrases en français « Bienvenue »), intriguer… Quand cela est possible, prévoir un espace de regroupement. Le premier jour, privilégier les cercles qui permettent de voir tout le monde. Concernant les tables, privilégier dès le début une configuration qui permet des activités de groupe et la communication entre les élèves. Prévoir des coins de rangement pour le matériel, les cartables (indiquer ces coins en français) mais aussi des coins lectures, écoutes suivant les possibilités de l'établissement.
Il est important d'être souriant, aimable mais aussi structuré. Accueillir les élèves en français et les diriger en français. Parler en proposant des phrases duelles accompagnées de gestes, par exemple : *Assieds-toi près de la fenêtre ou ici*. Utiliser les prénoms non francisés des élèves, prévoir des cartons ou des badges. Afin de créer une ambiance francophone, mettre par exemple en bruit de fond une chanson en français (une chanson moderne mais calme). Privilégier une première leçon sans méthode en comptant sur vos aptitudes à donner vie au groupe. Il est toutefois possible de montrer le manuel que les élèves vont utiliser car ils sont souvent très curieux !

Dès le premier jour penser à sécuriser les élèves et à les remercier de leur participation *(merci, bravo, chapeau)*. Le défi est de donner une très bonne impression aux élèves et d'obtenir leur respect. Il faut donc proposer des activités dès le premier jour. Les activités devront être SMART, c'est-à-dire **S**imples **M**esurables (voir facilement si c'est réussi ou pas), **A**ccessibles (donc faisables en début d'apprentissage) et **R**éalisables dans un **T**emps très court lors des premières séquences pour éviter l'ennui et la dispersion.

Denisot & Macquart-Martin, *Super Max 1*, Guide pédagogique, Paris, Hachette, pp. 14-15.

L'enseignant pourra organiser un certain nombre d'activités d'accueil, à l'image de celles proposées ci-dessous, entre autres, par Y. Gilson[16].

Banque d'activités

• **Qui suis-je ?** Chaque élève compose une devinette sur lui-même, sur son aspect physique ou sur un aperçu de sa personnalité. On place les devinettes dans une enveloppe ou une boîte. En grand groupe ou en ateliers, les élèves auront à associer ces devinettes à leurs auteurs.
• **Je me présente.** Chaque élève rédige un texte la ou le présentant. Ce texte est écrit sur un carton qu'il ou elle découpe en plusieurs pièces. Les élèves s'échangent les « casse-tête ».
• **Mon prénom, c'est moi**, comme dans l'exemple suivant.

Fenêtre sur cours 10 : Mon prénom, c'est moi

Niveau: A1-B2.
Durée: 45 minutes.
Support: Aucun.
Objectif: Se présenter.
Matériel: Un tableau.

DÉROULEMENT DE L'ACTIVITÉ

1. Choix des mots

L'objectif de cette phase est de choisir les mots qui seront, dans une seconde phase, mis en texte.

Demander aux apprenants d'écrire leur prénom à la verticale en lettres majuscules et, pour chaque lettre, de choisir un mot pour se présenter: description physique, origine, goûts, activités... (Consigne: «Écrivez votre prénom à la verticale et, pour chaque lettre, choisissez et écrivez un mot pour vous présenter: physique, nationalité, goûts, activités... Voici, pour exemple, ce que je fais à partir de mon prénom...») Écrire au tableau votre prénom à la verticale et les mots choisis.

2. Mise en commun

Expliquer que chaque étudiant va lire sa liste de mots et que les autres, à l'oreille, vont découvrir son prénom. Ensuite, l'apprenant expliquera pourquoi ces mots. (Consigne: «Maintenant que vous avez écrit vos mots, dites-les et les autres vont découvrir votre prénom. Après, vous direz pourquoi vous avez choisi chaque mot pour vous présenter et les autres pourront, s'ils le souhaitent, poser des questions.»)

Remarques

À ce stade, comme la consigne est assez complexe, les apprenants restent souvent perplexes. Leur proposer un exemple, partant de vous, et leur expliquer le choix de vos mots (voir ci-dessous): «"F" comme "française" parce que c'est ma nationalité...» L'explication des mots choisis est adaptée au niveau des apprenants. Ce passage explicatif par l'oral guide implicitement l'apprenant dans la deuxième phase.

Desmons *et al.*, *Enseigner le FLE. Pratiques de classe*, Paris, Belin, 2005, p. 211.

16. Banque d'activités pour accueil en classe (PDF - Accueil en classe www.occe93.net/.../1/44DEy8UxmZyNBJA8LGFFniuh.pdf -
Ces activités sont proposées pour des classes de français langue maternelle. Elles sont facilement transposables en FLE.

• **Message de bienvenue.** Les élèves rédigent en équipe un message de bienvenue pour les autres élèves de la classe. On découpe ces messages en mots ou en phrases que les autres équipes devront reconstituer.

• **Un objet mystérieux.** Chaque élève apporte un objet ayant un lien avec un moment particulier, ou étant significatif de sa vie. Il peut cacher l'objet dans un sac et répond aux questions de ses camarades qui doivent découvrir de quel objet il s'agit. Il peut ensuite expliquer en quoi cet objet est important pour lui ou représentatif de ce qu'il est.

• **Une affiche**. Les élèves font une affiche mettant en vedette leurs goûts, leurs intérêts (sports, émissions télévisées, films, loisirs, vedettes préférées, musiques préférées, etc.), comme dans l'exemple suivant.

Fenêtre sur cours 11 : Réaliser un poster – mode d'emploi

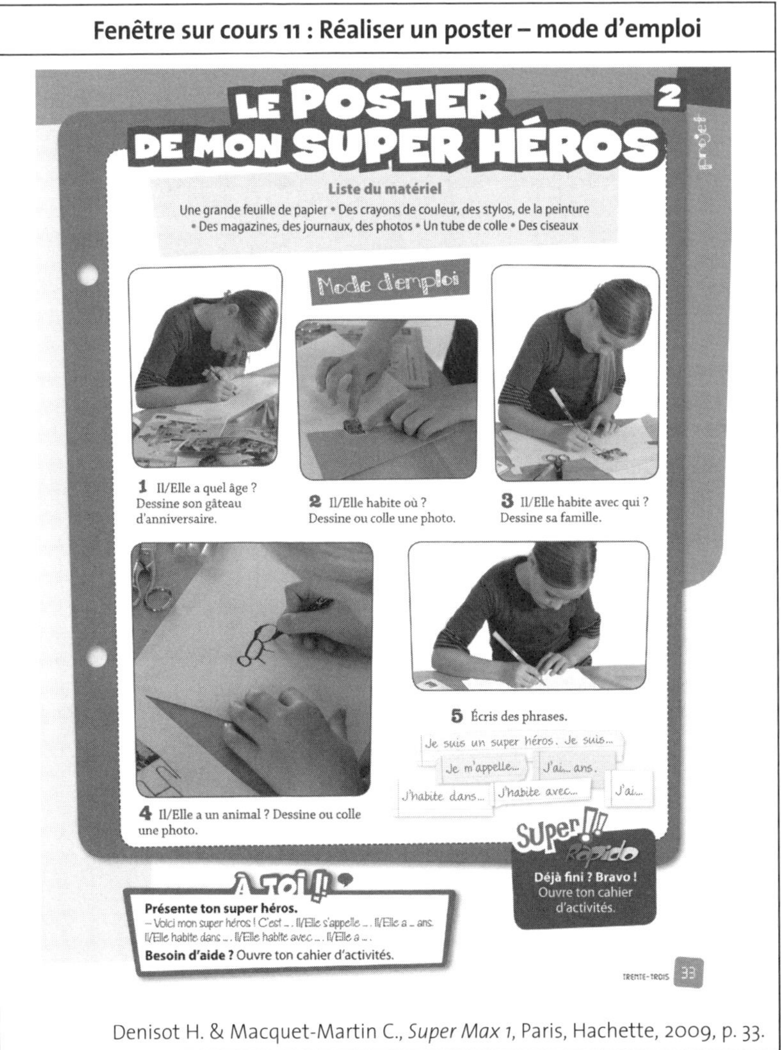

Denisot H. & Macquet-Martin C., *Super Max 1*, Paris, Hachette, 2009, p. 33.

Respecter ses élèves, c'est aussi essayer de les comprendre et d'accepter leurs erreurs. Cette compréhension et cette acceptation exigent non seulement beaucoup de patience mais aussi de disponibilité. L'enseignant prendra soin de garder en tête le leitmotiv suivant : « une erreur est une chance d'apprentissage ». Il faut, dans l'idéal, prendre le temps d'être à l'écoute des apprenants pour trouver avec eux des solutions aux difficultés d'apprentissage qu'ils rencontrent. Il faut être disponible pour les écouter raconter leurs problèmes personnels, leurs conflits, leurs états d'âme ou leur fatigue. Ainsi, **patience et disponibilité** doivent être inscrites à la longue liste des vertus de l'enseignant, conjointement à la délicatesse (remettre personnellement, au cours d'une entrevue personnelle, les résultats et les commenter, souligner les anniversaires) et à l'ouverture d'esprit (« parler de la vraie vie », cette vie qui commence à l'extérieur du collège ou du lycée).

4. L'évaluation des comportements

L'apprentissage de la « vraie vie » commence à l'école où l'élève apprend à vivre avec les autres, à échanger, à coopérer avec eux, autrement dit à faire l'expérience de la démocratie[17].

4.1. Pistes pour évaluer la collaboration

Cette expérience, il revient à l'enseignant de l'évaluer régulièrement et/ou ponctuellement, en intégrant les dimensions sociales et créatives. Springer retient plusieurs dimensions utiles dans ce travail.

---

17. L'objectif essentiel du *CECR* est de faire de l'apprenant un acteur social autonome doublé d'un citoyen épris de démocratie.
« Le mot *citoyenneté* apparaît dans le titre du projet du Conseil de l'Europe dont est issu le *CECR* :

"Apprentissage des langues et citoyenneté européenne"
UN CADRE EUROPÉEN COMMUN DE RÉFÉRENCE
POUR LES LANGUES :
APPRENDRE, ENSEIGNER, ÉVALUER

L'association "apprentissage" et "citoyenneté" souligne que l'apprentissage d'une ou de plusieurs langue(s) est de nature à favoriser l'émergence du citoyen européen de demain. Quel pourrait être ce nouveau citoyen ? Il serait comme l'ont souhaité les Chefs d'État au cours des sommets européens de 1993 et 1997 :
– plurilingue,
– non xénophobe, soucieux d'éviter "les réactions ultranationalistes brutales", en un mot tolérant,
– respectueux de la démocratie et des autres. (§ 1.2) » (Robert J.-P. & Rosen É., *op. cit.*, 2010, p. 33).

Fenêtre sur cours 12 : Pistes pour évaluer la collaboration

– attitude générale : dynamisme, motivation, autonomie, initiative, implication personnelle ;
– réalisation du projet : implication personnelle dans le travail en équipe, respect des échéances, apports personnels ;
– production finale : inventivité, clarté, adéquation des moyens aux objectifs, qualité du support de la production.
J'ai présenté d'autres exemples de ce type (Springer, 2008) avec des critères qui devraient permettre d'évaluer la collaboration :
– prendre ses responsabilités ;
– évaluer le point de vue des autres ;
– tenir compte des spécificités culturelles ;
– développer des stratégies d'apprentissage ;
– travailler en équipe.

Springer C., « La dimension sociale dans le *CECR* : pistes pour scénariser, évaluer et valoriser l'apprentissage collaboratif », dans Rosen É. (dir.), pp. 25-35, 2009.

Lorsque le climat de la classe s'est dégradé entre les apprenants et lui ou entre les élèves entre eux, cette expérience de la collaboration peut faire l'objet d'un débat que l'enseignant anime au cycle primaire, qu'il peut déléguer au cycle secondaire.

4.2. Climat de classe et débat réglé

Ce débat[18] doit être réglé, c'est-à-dire se conformer à des règles précises :
– établir un ordre du jour portant sur l'auto-évaluation des attitudes et des comportements[19] ;
– nommer un rapporteur chargé de résumer par écrit les débats ;
– désigner éventuellement un président de séance qui joue le rôle d'arbitre, notamment si celui de l'enseignant est remis en cause ;
– laisser chaque intervenant présenter librement – mais dans un temps déterminé – son point de vue dans le respect de tous ;
– prendre des décisions ;
– consigner par écrit ces décisions.

18. L'utilisation et l'animation d'un conseil (Débat réglé) : stratégie 19 (Y. Gilson).
19. L'auto-évaluation ponctuelle des attitudes et comportements : stratégie 20 (Y. Gilson).

À l'heure où les volumes horaires en FLE sont limités, on pourrait croire que l'organisation d'un tel débat est une perte de temps. Il n'en est rien, bien au contraire. En effet, on ne progresse pas dans une situation tendue et la seule remédiation consiste à mettre les problèmes sur la table et d'en discuter. C'est le prix à payer pour progresser efficacement dans les apprentissages.

7

Le management de la classe : comment gérer les tâches et les activités ?

Comment aborder une des parties fondamentales d'un ouvrage consacré à la classe de FLE, celle consacrée au management de la classe, à la gestion des activités et des tâches ? Nous avons fait le choix de répondre à cette question épineuse en prenant pour fil conducteur la notion de *tâche* (et celle complémentaire d'*activité*) telle qu'elle est définie dans le *CECR*, en la déclinant sous différentes facettes et en l'illustrant[1]. En effet, « dans cette perspective, le niveau de compétence d'un apprenant est défini en fonction du plus ou moins grand nombre de tâches qu'il est capable de réaliser correctement. Faire des courses, réserver une chambre au CROUS, accomplir diverses démarches administratives auprès des secrétariats, suivre un cours magistral à l'université, téléphoner à un club de sport pour connaître les heures des cours et s'y inscrire, etc., sont autant de tâches que des apprenants souhaitant par exemple intégrer un cursus universitaire sont amenés à effectuer en langue étrangère au quotidien. Pour arriver à les accomplir avec succès et efficacité, ils doivent mobiliser l'ensemble de leurs compétences et de leurs ressources (y compris leurs talents en communication non verbale !). Selon les contextes et les circonstances, les tâches seront bien entendu différentes, mais, si l'on se place dans la logique du *CECR*, l'objectif est constant : accomplir différentes tâches

1. Pour les auteurs du *CECR* (§ 7.1), la tâche n'est pas uniquement langagière (exemple : réparer un meuble). Dans cette partie, nous nous intéresserons principalement aux tâches langagières.

en vue de s'intégrer à terme dans une communauté autre pour y devenir, autant que faire se peut, un acteur social à part entière. »[2]

Les tâches mentionnées ci-dessus sont des tâches concrètes de la vie réelle. Elles sont donc authentiques. Leur succès dépend de la compétence de l'apprenant qui se traduit par l'étendue de ses connaissances et de ses savoir-faire acquis précédemment en classe lors de l'exécution de tâches qu'on pourrait qualifier de *préparatoires* à celles de la vie réelle. Ces tâches sont au nombre de trois[3] :

a. les tâches de pré-communication pédagogique[4] ;
b. les tâches pédagogiques communicatives ;
c. les tâches de la vie réelle.

Pour accomplir de telles tâches, différentes activités et stratégies seront nécessaires, comme le synthétisent J.-P. Robert & É. Rosen[5] en s'appuyant sur le *CECR* : « Dans le Cadre, la perspective actionnelle formant un tout, les notions d'activités langagières, de stratégies et de tâches sont interdépendantes. En conséquence, la réalisation de la tâche – objectif final – repose à la fois sur les activités langagières et les stratégies mises en œuvre. [...] La réalisation d'une tâche telle que "rédiger une lettre" nécessite de mobiliser à la fois différentes aptitudes (écrire, lire) mises au service de cette activité interactive écrite qu'est la

---

2. Rosen É. (dir.), « La perspective actionnelle et l'approche par les tâches en classe de langue », *Le Français dans le monde, Recherches et applications*, n° 45, Paris, Clé International, 2009.

3. Nous avons ici retenu – tout en la simplifiant – la nomenclature complexe des tâches présentées dans le *CECR* qui en dénombre cinq sortes, même si cela n'est posé aussi explicitement à aucun moment :
– les tâches authentiques de la vie réelle ;
– les tâches « cibles », « de répétition » ou « proches de la vie réelle » ; « Par tâches "cibles", "de répétition" ou "proches de la vie réelle" (§ 7.1), il faut entendre les tâches "choisies en fonction des besoins de l'apprenant hors de la classe ou du contexte de l'apprentissage". (*Guide pour les utilisateurs* du CECR, J. Trim, dir. Division des politiques linguistiques, Strasbourg, 2002, p. 164). Le Cadre ne précise pas ce qu'il entend par tâches "cibles" ou "de répétition" et ne donne aucun exemple. On peut supposer qu'il s'agit d'activités ciblées portant par exemple sur l'acquisition d'un acte de parole comme "se présenter" ou "présenter quelqu'un". » (Robert J.-P. & Rosen É., *Dictionnaire* pratique *du CECR*, Paris, Ophrys, 2010, p. 273) ;
– les tâches pédagogiques communicatives ;
– les tâches de pré-communication pédagogique ;
– les tâches « méta-communicatives ». « Par tâches «méta-communicatives », il faut entendre les tâches de réflexion sur la réalisation de la tâche comme "les échanges autour de la mise en œuvre de la tâche et la langue utilisée pour la mener à bien". (§ 7.1) ». (Robert J.-P. & Rosen É., *op. cit.*, p. 273)

4. Le *CECR* ne mentionne pas expressément ces tâches et se contentent de parler d'« exercices formels hors contexte » (§ 7.1), contrairement au *Guide pour les utilisateurs* du CECR (*op. cit.*, p. 164) qui indique que « les tâches de pré-communication pédagogique [sont] constituées d'exercices spécifiquement axés sur la manipulation décontextualisée des formes ».

5. Robert J.-P. & Rosen É., *op. cit.*, p. 5.

rédaction d'une lettre ». Le schéma suivant permet de visualiser cette articulation complexe et de la rattacher à la question des contenus traitée au chapitre 4 ; pour ce faire, nous reprendrons ici le schéma et l'exemple développés p. 78 pour les compléter avec les tâches et activités correspondantes.

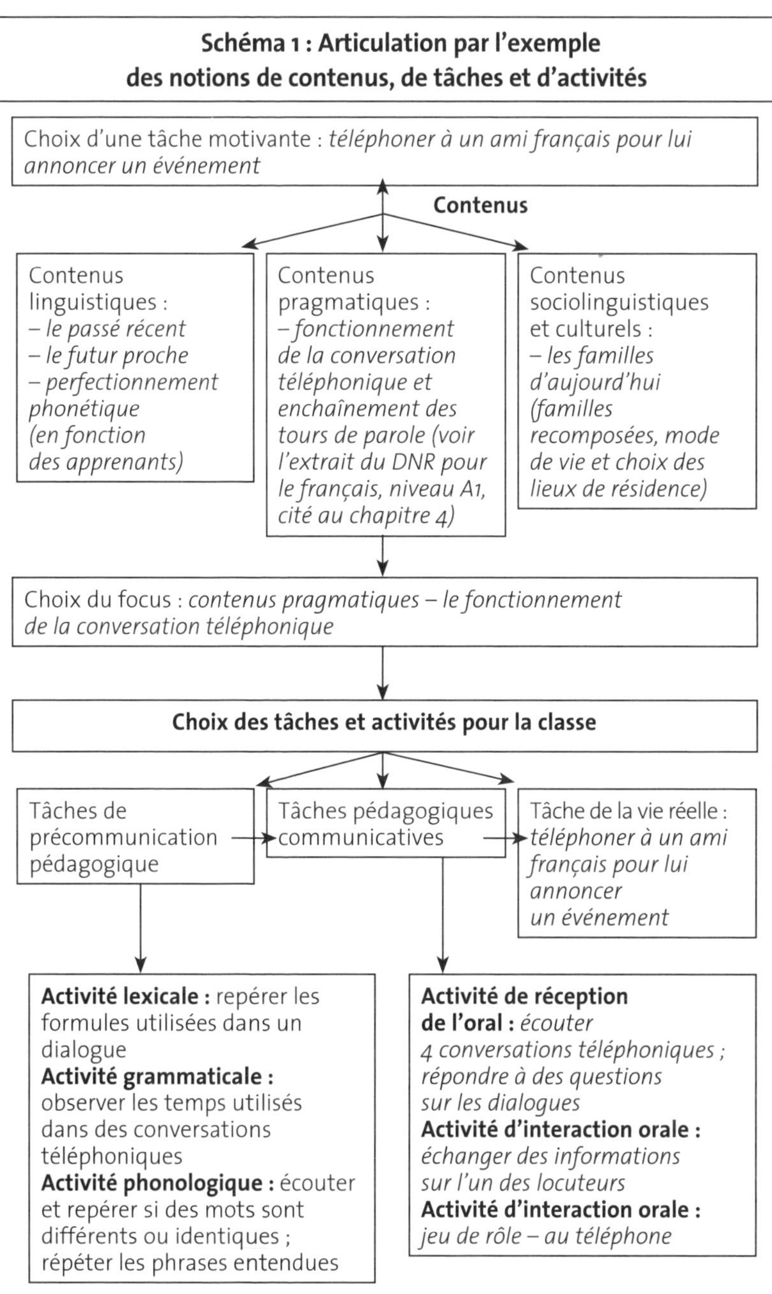

Schéma 1 : Articulation par l'exemple des notions de contenus, de tâches et d'activités

1. La gestion des tâches de pré-communication pédagogique

Les tâches de pré-communication pédagogiques sont des tâches simples, partielles, contextualisées ou non[6] *qui permettent à l'apprenant d'acquérir plus de connaissances que de savoir-faire* et d'améliorer sa compétence ; elles se déclinent en activités :
- lexicale ;
- grammaticale ;
- phonologique ;
- orthographique.

Pour chaque unité/leçon, ces activités trouvent, en général, leur origine dans les contenus du document déclencheur[7].

1.1 Les activités lexicales

« L'appropriation du lexique et de son corollaire, le vocabulaire, a lieu tout au long de l'apprentissage et l'élève, insensiblement, s'imprègne des structures de la langue et des mots qui les composent. Dans les méthodes actuelles, la "leçon de vocabulaire", est solidaire de l'étude de la notion et des actes de parole qu'elle véhicule. »[8] Ainsi par exemple, le manuel *Alter ego 1*[9] associe l'étude des adjectifs de nationalité aux actes de parole « se présenter/présenter quelqu'un », celle des professions à « parler de ses activités » et propose des exercices formels comme « pour chaque dessin, trouvez dans la liste suivante le nom de la profession au masculin et au féminin ». Ces exercices formels sont nécessaires et peuvent être accompagnés d'activités plus motivantes lorsqu'elles sont présentées, par exemple, sous forme de jeu, comme le jeu de Kim[10] ou celui des sept familles, notamment auprès des publics d'enfants et d'adolescents, comme dans l'exemple page 139.

---

6. Contrairement au *Guide pour les utilisateurs* du CECR, nous estimons que les tâches de pré-communication pédagogique peuvent être contextualisées.
7. Voir partie 5.
8. Robert J.-P., *Dictionnaire* pratique *de didactique du FLE*, nouvelle édition, coll. « L'essentiel français », Paris, Ophrys, 2008, p. 119.
9. Berthet *et al.*, *Alter Ego A1, Paris, Hachette,* 2006.
10. Jeu de Kim : Plusieurs objets sont disposés devant tous les joueurs qui disposent d'un laps de temps pour les observer et les mémoriser tous. Puis les objets sont cachés et le meneur de jeu modifie quelque chose : il peut retirer un objet, en ajouter un, etc. Après quoi, les objets sont à nouveau révélés aux joueurs qui doivent trouver quel objet a été ajouté, retiré. Un tel jeu peut être par exemple utilisé pour mémoriser le matériel scolaire (sac, livre, cahier, trousse, stylo, crayon, gomme, etc.) ou les couleurs (à partir de douze ou vingt-quatre crayons de couleur).

Fenêtre sur cours 2 : Exemple d'activité lexicale

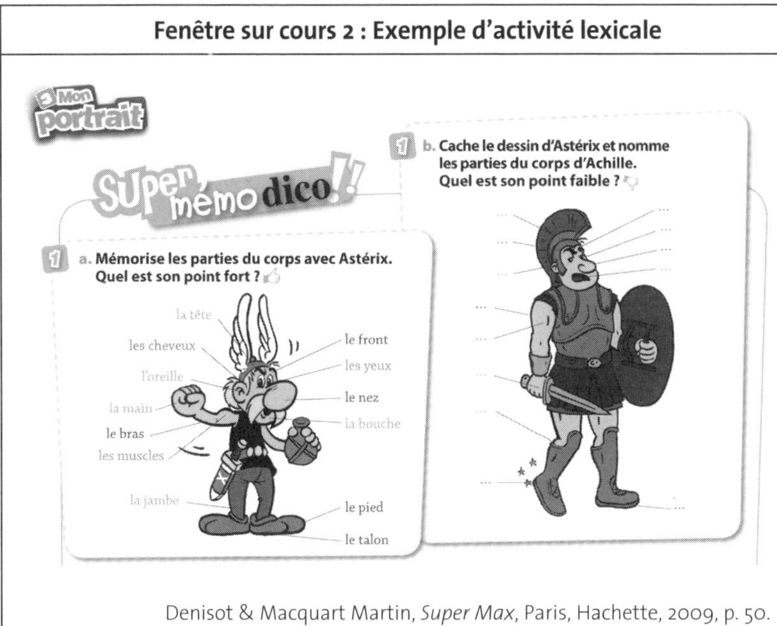

Denisot & Macquart Martin, *Super Max*, Paris, Hachette, 2009, p. 50.

Elles peuvent être de surcroît contextualisées : *Dessinez votre quartier et indiquez avec précision la profession des commerçants et des artisans ; cherchez sur Internet une station française de sports d'hiver et relevez les sports qu'on y pratique ; vous êtes chef de rayon dans un supermarché, vous préparez la liste des produits de votre rayon à inscrire dans le prospectus mensuel*, etc. De telles activités sont plus de nature à favoriser la mémorisation du vocabulaire que l'apprentissage par cœur de longues listes de mots encore à l'honneur dans certaines classes. Plutôt que d'imposer une telle pratique, l'enseignant peut faire relever le vocabulaire nouveau dans un répertoire alphabétique – ou mieux thématique – que l'apprenant pourra consulter à l'occasion, par exemple avant de passer un test ou un examen.

Reste l'épineuse question de la norme qui définit le registre du discours[11]. Bien que la règle soit d'enseigner un français usuel/standard, beaucoup de manuels de FLE, surtout ceux qui visent un public d'adolescents, utilisent, dans un souci d'authenticité, des mots familiers voire populaires dès les premiers niveaux : *super, chouette, branché*, etc. Cependant, le *CECR* rappelle à juste titre que « dans les premières phases de l'apprentissage (disons jusqu'au niveau B1), un registre relativement neutre est approprié, à moins de raisons impératives.

11. « La norme peut aussi être définie comme le *modèle* à imiter par opposition aux *écarts* de la langue que représentent le lexique et les énoncés des langues argotique, familière et populaire. » (Robert , *op. cit.*, 2008, p. 152) C'est sur la notion de norme que repose celle de registre du discours : soutenu/littéraire, usuel/standard, familier, populaire, argotique.

C'est dans ce registre que les locuteurs natifs s'adresseront probablement à des étrangers et à des inconnus ; c'est celui qu'ils attendent d'eux. La familiarité avec des registres plus formels ou plus familiers viendra avec le temps, dans un premier temps en réception, peut-être par la lecture de types de textes différents, en particulier des romans. Il faut faire preuve de prudence dans l'utilisation de registres plus formels ou plus familiers car leur usage inapproprié risque de provoquer des malentendus ou le ridicule » (§ 5.2.2.4) et renvoie en conséquence la pratique de l'argot au niveau C1, niveau où l'utilisateur de la langue est capable d'utiliser à bon escient tous les registres de langue. Dans ces conditions, aux premiers niveaux, l'enseignant veille à respecter les recommandations du *CECR* sans s'interdire, le cas échéant, l'étude des différents registres correspondant à un terme familier ou populaire rencontré ponctuellement lors de l'étude d'un texte sonore ou écrit comme « flic » en faisant découvrir « argousin » (langue argotique), « flic »/« cogne » (langue populaire), « poulet » (langue familière), « policier » (langue usuelle), « agent de police » (langue soignée), « keuf » (verlan). Des ouvrages « sur l'étymologie du français vivant », tel que celui de Louis-Jean Calvet[12], sont une ressource précieuse pour l'enseignant soucieux de comprendre « les tendances sémantiques de la créativité de la langue »[13]. Ainsi, pour illustrer l'exemple précédent, est expliqué le fonctionnement de cet argot particulier qu'est le verlan.

Fenêtre sur cours 3 : L'argot en 20 leçons – « keuf » en verlan
Le mot *keuf* repose sur le principe de la troncation de la voyelle finale ou d'une partie de la syllabe finale : – flic donne *flikeu* (ajout d'un *eu* nécessaire à la transformation) qui est transformé en *keufli* puis abrégé en *keuf* [...] Calvet L.-J., *L'argot en 20 leçons*, Paris, Payot, 1993, p. 155.

1.2. Les activités grammaticales

Les activités grammaticales sont fonction à la fois du choix de la description grammaticale, de l'âge des publics d'apprenants et de la démarche retenue. Depuis l'approche communicative, les auteurs de manuels de FLE présentent une approche éclectique de la grammaire et empruntent :

– toujours à la grammaire traditionnelle son classement des éléments grammaticaux (articles, noms, adjectifs, verbes, etc.), à la grammaire notionnelle fonctionnelle sa description de la langue en actes de

12. *L'argot en 20 leçons*, Paris, Payot, 1993. Cette référence peut sembler datée en la matière, mais elle répond parfaitement à notre propos.
13. Calvet L.-J., *op. cit.*, pp. 8-9.

paroles, à la grammaire textuelle son point de vue sur le fonctionnement des textes ;
– parfois à la grammaire structurale ses exercices structuraux ;
– rarement à la grammaire comparée une approche contrastive entre langue source et FLE[14].

Il appartient donc à l'enseignant de faire ses choix d'abord en fonction des traditions de son public comme le rappelle G. Vigner en 2004[15] : selon les cultures éducatives, l'approche grammaticale ne pourra pas être la même, les attentes non plus[16]. Les modes de traitement dans la classe devront dans ces conditions tenir compte de ces attitudes. Ses choix seront ensuite dictés par l'âge des apprenants. Il privilégie la grammaire implicite[17] à l'école primaire / explicite dans les autres cycles, la démarche inductive[18] au collège / déductive au lycée et auprès de publics d'adultes. Enfin, il peut avoir recours ponctuellement à la grammaire comparée pour expliquer un fait grammatical très différent entre la langue de ses élèves et le français[19].

Ses choix opérés, l'enseignant a en mémoire que l'enseignement de la grammaire ne se limite pas à la leçon correspondante. En effet,

---

14. Devant la pléthore de descriptions grammaticales, les auteurs du CECR, prudents, se contentent de parler de *grammaire de la langue* qu'ils présentent « comme l'ensemble des principes qui régissent la combinaison d'éléments en chaînes significatives marquées et définies (les phrases) » et de définir la *compétence grammaticale* comme « la capacité de comprendre et d'exprimer du sens en produisant et en reconnaissant des phrases bien formées selon ces principes et non de les mémoriser et de les reproduire comme des formules toutes faites ». (§ 5.2.1.2). En conséquence, ils se refusent à préconiser l'emploi de telle ou telle grammaire : « Un certain nombre de théories et de modèles concurrents pour l'organisation des mots en phrases existent. Il n'appartient pas au *Cadre de référence* de porter un jugement ni de promouvoir l'usage de l'un en particulier. Il lui revient, en revanche d'encourager les utilisateurs à déclarer leur choix et ses conséquences sur leur pratique. » Ils se contentent « d'identifier des paramètres et des catégories largement utilisés pour la description grammaticale » et rappellent que « la description de l'organisation grammaticale présuppose que l'on définisse : les *éléments* (par exemple : morphèmes, racines), les *catégories* (nombre, genre), les *classes* (conjugaisons, déclinaisons), les *structures* (syntagme, propositions), les *processus* (normalisation, transformation), les relations (régime, accord) ». (§ 5.2.1.2).
15. Vigner G., *La grammaire en FLE*, Paris, Hachette, 2004.
16. Faire usage d'une LE est ainsi indissociable d'un principe d'intelligibilité comme condition de la communication. La maîtrise d'un code partagé, celui de la syntaxe, fondé sur la maîtrise de la langue (à des degrés divers d'élaboration bien évidemment) est ce qui donne sens à l'activité d'appropriation de la grammaire.
17. Issue de la grammaire structurale, la grammaire implicite vise à inculquer des mécanismes grammaticaux aux élèves, sans recourir à l'explication de règles théoriques et en utilisant uniquement des exercices structuraux.
18. Voir fenêtre sur cours page suivante. En fait, les deux démarches, loin de s'opposer, sont complémentaires et peuvent être utilisées tout à tour par l'enseignant.
19. Aucun manuel de FLE, sauf les manuels élaborés localement pour des publics spécifiques, n'a recours à cette grammaire. L'enseignant doit alors préparer ses propres leçons de grammaire qui visent un point précis. Exemple : Comparaison de l'ordre des mots dans deux énoncés français / allemand ou français / turc.

selon G. Vigner (2004), « “Grammaire” ne signifie pas forcément leçon de grammaire, mais peut recouvrir toute activité de correction et de reprise d'une réponse d'élève dans la classe, comme concerner les pratiques d'exercices. Il importe donc d'examiner les différentes formes d'intervention par lesquelles le professeur tente de faire appréhender par ses élèves les régularités de la langue et de ses usages.

Enfin, la grammaire ne prend pas exclusivement place dans les activités dites de langue ou de systématisation. La grammaire a sa place dans la maîtrise de différentes compétences, en lecture ou en écriture par exemple. Il peut donc être utile d'examiner comment l'outil grammatical peut être utilement convoqué dans d'autres moments de l'apprentissage avec autant d'intérêt et d'efficacité que dans les leçons ou moments d'analyse proprement linguistique[20] ».

Concrètement, on enseigne la grammaire quand par exemple :
– on reprend la réponse d'un apprenant : *on ne dit pas... on dit...*
– on fait distinguer le code oral du code écrit[21] ;
– on analyse avec ses élèves la grammaticalité des énoncés d'un jeu de rôles, après sa réalisation ;
– on fait découvrir dans un texte sonore/écrit les points grammaticaux convergents/divergents entre la langue source et la langue cible ;
– on corrige les erreurs grammaticales des copies de ses élèves, qu'on en fait la synthèse avant de les faire rectifier en classe.

Fenêtre sur cours 4 : pour une approche inductive de la conceptualisation

La grammaire

À la méthode déductive traditionnelle de présentation de la grammaire consistant à partir des règles qu'on explique, puis qu'on applique dans des exercices, on préférera l'**approche inductive** de la conceptualisation : observation des formes et des structures pour arriver à la formulation des règles et à une véritable réflexion sur le fonctionnement de la langue. Les règles sont enrichies et affinées au fur et à mesure de la découverte d'éléments nouveaux.

20. Vigner G., *op. cit.*, 2004. Voir la présentation de l'ouvrage sur le site suivant : http://www.hachettefle.fr/enseignants/pages/catalogue/fiche-livre/collection-f-la-grammaire-en-fle-1552967.html

21. « La langue écrite et la langue orale fonctionnant différemment, on oppose donc le *code oral* au *code écrit*. Par exemple, le code oral se contente de trois marques [ə], [ɔ̃], [e]) pour rendre compte de toutes les personnes du présent de l'indicatif des verbes du 1er groupe, alors que l'écrit en exige cinq (“-e”, “-es”, “-ons”, “-ez”, “-ent”). » (Robert J.-P., *op. cit.*, 2008, p. 34).

> Il ne s'agit donc pas pour l'enseignant d'apporter simplement des réponses aux exercices ou d'expliquer les règles de grammaire, mais plutôt d'aider les élèves à émettre des hypothèses et à tirer leurs propres conclusions sur le fonctionnement linguistique de la langue française.
>
> Guide pédagogique *Le nouveau TAXI 3 !*, Hachette, 2010, p. 11.

Ainsi se trouve posée la question de la grammaticalité (d'un énoncé oral ou écrit et, comme en vocabulaire, celle de la norme[22]. À l'enseignant de faire la part des choses mais il aura à l'esprit que certains énoncés acceptables à l'oral ne le sont pas à l'écrit, comme la suppression du « ne » dans les négations (*j'sais pas, j'ai rien entendu*) ou l'inversion des pronoms personnels compléments (*Je lui l'ai dit*).

1.3. Les activités phonologiques : pour l'apprentissage de la prononciation[23]

Les activités phonologiques sont d'importance puisqu'elles sont la clé de voûte d'une prononciation correcte soit d'un mot soit d'un énoncé. Aussi, en début d'année scolaire, il est souhaitable que l'enseignant répertorie les difficultés susceptibles de surgir compte tenu de son public et de la langue source : sons inconnus (comme le *u, le ch),* confusion entre nasales *(an/on),* accent tonique (sur la fin des mots), etc. Après ce recensement, il peut compléter les exercices de son manuel et prévoir des activités portant sur[24] :

– les unités sonores de la langue (phonèmes) : voyelles et consonnes ;
– les traits phonétiques qui distinguent les phonèmes : sonorité, nasalité, occlusion, labialité ;
– la composition phonétique des mots : structure syllabique, accentuation des mots, tons, etc. ;

22. « Grammaticalité et acceptabilité font d'abord référence au code de la langue et à ses types de discours. Tel énoncé grammatical peut être acceptable à l'oral et inacceptable à l'écrit : "J'ai pas vu la bagnole." Certaines publicités (comme celle d'une fameuse marque de cacao : "Y a bon Banania") mettent en scène des énoncés agrammaticaux mais compréhensibles et jugés acceptables en raison du caractère spécifique du discours de la publicité qui cherche à amuser, surprendre ou choquer pour mieux attirer l'attention d'un éventuel acheteur. » (Robert J.-P., *op. cit.*, 2008, p. 102)

23. La phonologie est une branche de la **linguistique** qui étudie l'organisation des sons d'une langue afin de former un **énoncé**. Elle englobe la **phonétique** qui, elle, s'intéresse aux sons eux-mêmes, indépendamment de leur fonctionnement les uns avec les autres. Voir l'ouvrage de Bertrand Lauret, *Enseigner la prononciation : questions et outils*, Paris, Hachette, coll. F, 2007, qui propose de nombreuses activités d'apprentissage.

24. Classement proposé par le *CECR*, § 5.2.1.4.

– la prosodie ou phonétique de la phrase : accentuation et rythme de la phrase, intonation, etc.

Ces activités[25] peuvent prendre la formes d'exercices relatifs à :

a. la reconnaissance d'un son dans un mot :

– Coche la bonne case quand tu entends le son [y] : *écureuil, muguet, robot, bouteille, voiture, jupe, fourchette, tortue ;*

– Entoure la lettre correspondant au son [y] dans chaque mot : *nuage, bûche, allumette ;*

b. la discrimination entre sons proches phonétiquement :

– Entoure les syllabes avec le son [y] et souligne celles avec le son [u] : *La famille Mulidou a une belle voiture jaune. Le fils s'appelle Justin, la fille Suzanne. Ils ont un gros chien qui a pour nom Toutou ;*

– Complète avec les bonnes graphies des sons [ɑ̃], [ɔ̃], [ɛ̃] : *Mon cous... Gast... est pays... en Fr...ce. Il a une ferme avec des dind...s, des poules et des pouss...s, des coch...s qu'il nourrit tous les mat...s ;*

– Trouve 10 mots : 5 avec le son [e] et 5 avec le son [ɛ].

c. la structure syllabique :

– Écoute les mots suivants et dis combien de syllabes tu entends : *jaune, prénom, partenaire, appartement ;*

– Forme deux mots avec les syllabes suivantes et complète les phrases :

bi clette cy	*prise tre en*
Julie a une ... neuve.	*Mon père a une ... commerciale.*

d. l'accentuation des mots (accent tonique) :

– Écoute et lis les mots suivants. Mets l'accent sur la dernière syllabe : *Athènes, Marie, marron, soulier, chaussure ;*

– Écoute et lis. Mets l'accent tonique sur la dernière syllabe de chaque groupe de mots : *Elle passe à la poste avant d'aller au bureau ;*

e. l'intonation :

– Écoute et transforme l'affirmation en question : *il est français ; elle habite en France ;*

– Écoute et répète en insistant sur la syllabe soulignée : *C'est terrible ! C'est affreux !*

f. les groupes rythmiques et les pauses :

– Lis et marque les pauses : *Cette année à cause de la grêle la récolte est perdue.*

g. les liaisons :

– Quel son tu entends entre les mots soulignés ? : *Nous avons des enfants.*

---

25. Nombreux sont les sites qui proposent des activités de phonétique adaptées à tous les publics et à tous les âges comme : http://www.les-coccinelles.fr ou http://phonetique.free.fr

– Lis le texte. Souligne les liaisons : *Mon frère habite à Paris. Il dirige une agence de voyage avec dix employés ;*

h. les lettres muettes :

– Souligne les lettres muettes : *Pour les vacances, elles sont allées à Pise, en Italie ;*

– Complète avec des lettres muettes : *Ell... fai... souven... du spor...*

i. la différence entre phonie/graphie :

– Lis et réponds : le son [s] peut s'écrire de combien de façons différentes ? : *On est invité à danser chez Sébastien, un garçon sympathique qui a une ravissante maison.*

– Complète avec *o, au* ou *eau* : *Dans le désert, il n'y a pas d'... . Mais les cham...x et les dr...madaires ne boivent pas tous les jours. Ce sont des anim...x s...bres.*

Ces activités peuvent être complétées par des exercices à partir de l'API (Alphabet Phonétique International) comme :

– Écris les mots correspondant : [elefɑ̃], [natyr], [sɑ̃timɑ̃] ;

– Choisis: Quelle graphie/Quelles lettres correspond(ent) à [o] dans [materjo] : *o* ou *au* ?

Le principal avantage de ces exercices est de permettre à l'apprenant, une fois familiarisé avec l'API, de pouvoir consulter un dictionnaire français pour connaître la prononciation d'un mot.

1.4. Les activités orthographiques

Rappelons pour mémoire que l'orthographe a quatre fonctions. Une fonction :

– **phonographique** qui sert à transcrire les sons. Ainsi, c'est l'orthographe qui nous enseigne que le son [ɛ] peut revêtir trois graphies différentes : « ai » dans « lait », « et » dans « chalet », « e » dans « merci » ;

– **morphologique**. C'est elle qui permet de distinguer, par exemple, le conditionnel du futur : *je chanterais/je chanterai* ;

– **lexicale** qui distingue les homophones comme : *sot/seau/sceau* ;

– **syntaxique** qui régit les règles d'accord entre le nom et l'adjectif ou entre le sujet et le verbe, etc.

Ces quatre fonctions sont résumées dans la distinction traditionnelle : *orthographe d'usage* (fonction de transcription et fonction lexicale) et *orthographe grammaticale* (fonctions morphologique et syntaxique).

L'importance donnée à l'orthographe varie selon les pays et les cultures. En France, la connaissance de l'orthographe est un signe traditionnel de culture et sa maîtrise donne l'impression à son détenteur d'appartenir à une élite, celle du Français cultivé. Pourtant, si la connaissance de l'orthographe est nécessaire à la maîtrise d'une langue, maîtriser l'orthographe n'est pas connaître une langue. Aussi, il est difficile d'envisager dans une classe de FLE, à intervalles réguliers, une activité d'orthographe. Alors, comment faire acquérir aux apprenants une véritable compétence orthographique ? Signalons quelques pistes. L'enseignant :

– doit convaincre les élèves que l'acquisition de l'orthographe, notamment de l'orthographe d'usage, s'acquiert d'abord par la lecture. Plus un élève lit, plus il a de chances d'améliorer son orthographe ;

– peut conforter l'orthographe au cours d'activités phonologiques et lexicales. Exemple : lors de l'étude du son **[f]**, il organise une séance de brainstorming et fait recopier et classer au tableau sur deux colonnes tous les mots avec le son **[f]** : *fabriquer, facile, faute, fête / catastrophe, géographie, pharmacie, photo* ;

– saisit, comme en grammaire, toutes les opportunités : il souligne et fait corriger, en autocorrection, les principales fautes lexicales et grammaticales d'une activité écrite ; en lecture, il profite de l'explication d'un mot difficile pour faire retrouver, orthographier les mots de la même famille et souligner les régularités. Exemple : pour « terrien » rencontré dans un texte : → *terre, terrestre, enterrer, déterrer, souterrain*, etc. Tous ces mots ont deux « r » ; après un jeu de rôles, il fait écrire au tableau un énoncé utilisé et fait corriger/justifier l'orthographe des accords (sujet/verbe, adjectif/nom), etc. ;

– pratique à l'occasion la dictée, principalement pour développer la compétence en orthographe grammaticale. Cette dictée pourrait être constituée de phrases hors contexte contenant les faits grammaticaux à réviser (accords, conjugaisons, etc.). Vu sous cet angle, la dictée serait *moins un outil pour contrôler la compétence orthographique des apprenants qu'un moyen destiné à consolider cette compétence*[26]. Mais quel type de dictée leur proposer ? Il y a quatre sortes de dictées :

a. la dictée traditionnelle de contrôle : Les élèves reproduisent le texte lu par l'enseignant qui procède ensuite à la correction individuelle ;

b. l'autodictée : Elle consiste à apprendre un texte par cœur et à le retranscrire. Elle repose sur la mémorisation ;

c. la dictée préparée : L'enseignant fait lire un texte, fait (re)découvrir les principales difficultés orthographiques et les règles qui permettent de les résoudre ;

---

26. Ce n'est pas la position des auteurs du *CECR* qui « voient dans la dictée une *activité de texte à texte*, une activité mécanique de conservation du sens au même titre que la répétition, la lecture à haute voix ou la transcription phonétique et reconnaissent que cette activité est actuellement décriée dans les approches contemporaines parce qu'artificielle et qu'elle a en retour des effets pervers. Ils rappellent cependant qu'en terme d'évaluation la dictée est un exercice qui permet de mesurer la performance, même si c'est au détriment du contenu informatif du texte. (§ 4.6.3) » (Robert J.-P. & Rosen É., *op. cit.*, 2010, p. 204)

d. la dictée négociée. « La dictée négociée est [...] une dictée ordinaire non préparée, mais qui diffère de celle-ci par sa mise en œuvre. Dans un premier temps, la dictée est réalisée individuellement, dans les mêmes conditions qu'une dictée de contrôle. Puis, dans un deuxième temps, les élèves se regroupent par deux ou trois afin de produire une dictée commune qui sera la seule à être évaluée » [27] au cours d'une mise en commun.

La dictée traditionnelle sert uniquement à contrôler les acquis. L'autodictée favorise l'automatisation d'un certain nombre de connaissances. La dictée préparée permet, avant le passage à l'action, d'expliquer ou de réviser le contenu grammatical du texte. La dictée négociée, enfin, présente de nombreux avantages. Elle est source d'interaction puisqu'elle est le résultat d'une discussion. Elle est « rassurante pour les élèves car la production finale, commune au groupe, est bien meilleure que les productions individuelles.[28] » Elle favorise la réflexion face à la langue puisqu'au sein du groupe chaque élève doit justifier ses écrits.

À l'enseignant de faire son choix mais il doit avoir à l'esprit que :
– la dictée traditionnelle n'est qu'un simple outil de contrôle à l'intérêt limité ;
– l'autodictée exige une attention soutenue et favorise souvent la mémorisation au détriment de la réflexion ;
– la dictée préparée est un excellent exercice à condition que la phase de préparation ait été soignée ;
– la dictée négociée est sans doute le meilleur outil mais elle est gourmande en temps.

On l'aura noté. Toutes ces tâches de pré-communication pédagogique sont d'importance puisqu'elles sont la clé de la maîtrise de la langue et qu'elles donnent aux apprenants les moyens linguistiques d'acquérir des compétences partielles (en grammaire, en orthographe, etc.) et d'accéder à des tâches moins scolaires, plus authentiques, les tâches pédagogiques communicatives.

2. La gestion des tâches pédagogiques communicatives

Dans la gestion des tâches pédagogiques communicatives *qui permettent à l'apprenant d'acquérir plus de savoir-faire que de connaissances*, l'enseignant a pour rôle essentiel d'aider l'élève à se doter de

27. *Apprentissage de l'orthographe, une nécessaire prise en compte des représentations des élèves*, V. Lavergne, http://www.crdp-montpellier.fr/ressources/memoires/memoires/2000/a/2/00a2073/00A2073_5.HTM
28. *CECR*, § 7.3.2.1 et 7.3.2.2.

stratégies qu'il met en œuvre quand il écoute et parle, quand il lit et écrit, quand il traduit à l'oral et à l'écrit. Utiliser ces stratégies revient toujours à suivre le même processus, à savoir : planifier, exécuter, évaluer et remédier.

2.1. La gestion des tâches pédagogiques communicatives en général

Un bon équilibre entre les comportements des apprenants et ceux de l'enseignant est susceptible de faciliter la gestion des activités de réception, production, interaction et médiation.

Dans un premier temps, l'enseignant fait découvrir aux élèves que chacune de ces activités fait l'objet d'une démarche identique en quatre étapes successives qu'ils répèteront, autant de fois qu'il sera nécessaire, pour s'assurer d'une bonne communication :

1. la planification : les apprenants dressent un plan d'action, analysent le contexte de l'activité, la situation de communication et font des hypothèses ;
2. l'exécution : ils cherchent des indices justifiant leurs hypothèses ;
3. l'évaluation : ils contrôlent l'exactitude de leurs hypothèses ;
4. la remédiation : si les hypothèses s'avèrent inexactes, ils révisent leurs hypothèses et recherchent d'autres indices.

Dans un second temps – ces activités étant plus ou moins complexes –, l'enseignant doit veiller à ce qu'elles soient réalisables, autrement dit adaptées au niveau de compétence de sa classe. Pour cela, avant l'exécution de l'activité :

– Il prévoit une phase de préparation destinée à expliquer les consignes. Celles-ci doivent être pertinentes, claires, adéquates et suffisantes (ni trop ni trop peu d'information) et de nature à faciliter la tâche. Au cours de cette phase de préparation, il peut apporter une aide extérieure sous forme d'explications, de conseils, de recommandations. Par exemple : avant une activité de réception écrite, il fait découvrir le sens des mots nouveaux les plus difficiles d'après le contexte ; au cours d'un jeu de rôles impliquant la participation d'un enfant et d'un adulte inconnu à l'enfant, il rappelle que l'enfant devra vouvoyer l'adulte alors que l'adulte peut tutoyer l'enfant.

– Il adapte si nécessaire les supports oraux et écrits du manuel : il peut améliorer une consigne, réduire la longueur d'un texte sonore ou écrit, etc.

– Il prévoit un temps suffisant pour l'exécution de l'activité en gardant à l'esprit que moins il y a de temps, plus l'activité est difficile.

– Il veille à ce que les conditions matérielles soient remplies : bon fonctionnement du matériel audio, silence absolu de la classe lors d'une activité de réception orale, etc.

– Il n'hésite pas, si besoin est, à recourir à la langue maternelle des apprenants, par exemple si la consigne n'a pas été comprise ou si un mot français ne correspond à aucun concept dans la langue de l'apprenant (exemple : *le pacs*). Il a en tête qu'une traduction est plus efficace qu'une longue explication en français mais que le recours à la langue maternelle ne peut être que ponctuel et limité.

2.2. La gestion des activités de réception : écouter et lire

Pour apprendre aux élèves à maîtriser les activités de réception, l'enseignant doit habituer les élèves à recueillir des informations sur le texte sonore/écrit à partir de balayages portant sur :

1. le titre (« Vous êtes sur RFI. Voici le bulletin météo à la mi-journée » / « Au Brésil, le bilan officiel des pluies violentes s'alourdit à plus de 800 morts », journal *Le Monde*) et l'habillage du texte (bruits de fond, cris, rires, pleurs, hésitations, bredouillages/photo(s) et dessins, tableaux et graphiques, taille des caractères d'imprimerie, etc.) qui donnent des informations sur le genre de texte (bulletin météo/fait divers) et le contenu correspondant ;

2. les composantes de la situation de communication :

– le lieu : rue, aéroport, village, ville, pays...

– la date : au printemps, en janvier, un lundi, un matin, à dix heures...

– les acteurs : une famille, des amis, un policier et un automobiliste, un conférencier et son auditoire...

– le canal : radio, télévision, téléphone, fax, forums, article de presse, extrait de roman, lettre...

– le message et son contenu : donner de ses nouvelles, raconter un événement, féliciter, mettre en garde...

3. les types de séquences du texte : narratif, descriptif, explicatif, argumentatif, dialogale[29].

4. le registre de langue utilisé : familier/argotique (discussion entre copains/collègues), standard (demande de renseignements), soutenu (discours officiel)...

À chaque balayage, l'enseignant fait faire des hypothèses (planification), rechercher des indices (exécution), évaluer (contrôle de l'exécution des hypothèses), remédier si nécessaire (recherche de nouvelles hypothèses, de nouveaux indices). Le nombre de balayages dépend étroitement du projet d'écoute/de lecture (global, partiel, détaillé). Il peut être très limité en cas d'approche globale (avoir une idée générale du texte, de son contenu, de sa fonction) et partielle (rechercher une composante de la situation de communication) ou conséquent si l'on

29. Classement de J.-M. Adam, *Les textes types et prototypes. Récit, description, argumentation, explication et dialogue*, 2e édition, coll. « Fac-Linguistique », Armand Colin, 2005.

veut étudier le texte dans le détail. Dans ce dernier cas, le professeur doit apprendre à ses élèves à analyser le texte de l'extérieur à l'intérieur comme le montre l'exemple de démarche proposé ci-dessous.

Fenêtre sur cours 5 :
Exemple de démarche pour analyser un texte

1 - REPRÉSENTER

I. LE MAÎTRE OUVRIER

DOCUMENT 1

LES CINQ VOITURES DU MAÎTRE OUVRIER

PAR PIERRE BEAUDEUX

Richard Schnell, ouvrier serrurier qualifié des années 50 (en haut, au centre), est devenu (en bas), maître ouvrier et homme de confiance de son patron, Daniel Jadot (en pull-over).

Depuis 1950, les revenus des Français ont été multipliés au moins par 20 en monnaie courante, et leur pouvoir d'achat par 2 (pour les commerçants) à 2,7 (pour les ouvriers). Mais la statistique est un bien faible instrument pour rendre compte concrètement des changements profonds que ce progrès sans précédent a apportés dans la vie de chacun – changements qu'il est d'ailleurs facile d'oublier, tant il est vrai qu'on s'habitue facilement aux bonnes choses. Rares sont ceux qui ont gardé des souvenirs – et des comptes – assez précis pour mesurer exactement le chemin parcouru. Voici ceux de Richard Schnell, fils et petit-fils de mineurs de la région d'Hettange-Grande, en Moselle.

L'Expansion, octobre/novembre, 1985.

1. Observez

a) Les photographies

Que représentent-elles ? Pourquoi deux photographies ? Que signifient-elles ?

b) Le titre

Pourquoi la référence à « cinq voitures » ?
Quelle idée peut-on se faire sur la façon dont ce portrait va être organisé ?

c) Le chapeau

- Relever les chiffres. À quoi se rapportent-ils ?
- Les noms propres, que nous apprennent-ils ?
- En quoi le chapeau éclaire-t-il le titre ?

De cette somme d'indices, quelles hypothèses peut-on formuler concernant le contenu du document qui va être présenté ?

Peut-on dès maintenant construire une grille d'écoute ou de lecture ? Quelles indications devrait-elle comporter ?

2. Écoutez / lisez

Vigner G., *Perspectives*, Hachette, 1991, pp. 32-33.

2.3. La gestion des activités de production : parler et écrire[30]

Pour apprendre aux élèves à maîtriser les activités de production orale/écrite, l'enseignant doit habituer les apprenants à planifier leur activité, à l'exécuter, à l'évaluer et procéder à la remédiation.

1. Planifier, c'est :

– Prendre en compte le ou les interlocuteur(s)/le ou les destinataire(s). L'enseignant rappellera une évidence : on ne parle pas, on n'écrit pas de la même façon à un familier, à un étranger ou à un supérieur hiérarchique. Tout échange oral ou écrit est *codifié* (politesse, formules administratives, registres du discours, orthographe, etc.), y compris dans les activités les plus élémentaires comme saluer ou écrire une adresse.
On peut dire « Salut ! Ça boom ? » à un copain, « Salut ! Comment vas-tu ? » à un ami mais on dira « Bonjour Monsieur/Madame, comment allez-vous ? » à une simple connaissance.
L'écriture d'une adresse est régie également par un code strict : nom du destinataire (1re ligne), numéro, rue/place, etc. (2e ligne), code postal suivi de la ville ou du village (3e ligne), pays (4e ligne). Il serait facile de multiplier les exemples à l'oral comme à l'écrit. Dans ces conditions, la réussite de l'activité de production passe par la maîtrise de ces codes qu'il faut enseigner, notamment auprès des publics à qui ils sont étrangers (comme le vouvoiement chez les anglophones). C'est ce qu'illustre l'extrait suivant.

Fenêtre sur cours 6 : L'usage de *tu* et de *vous*

POINT CULTURE

L'usage de *tu* et de *vous*

Observez l'usage de *tu* et de *vous* dans les dialogues p. 18 et complétez.

- J'utilise … pour parler à une personne dans une relation informelle (amicale, familiale, etc.).
- J'utilise … pour parler :
  – à une personne dans une relation formelle (commerciale, professionnelle ou hiérarchique, etc.) ;
  – à deux personnes ou plus, dans une relation formelle ou informelle.

S'EXERCER n° 1

Berthet *et al.*, *Alter Ego A1*, Paris, Hachette, 2006, p. 19.

– Mobiliser et localiser ses ressources linguistiques en faisant appel à ses compétences. Tout apprenant a des connaissances et compétences en langue maternelle[31] et en FLE mais encore faut-il qu'il sache les

30. *CECR*, § 4.4.1.3. Comme il est difficile de distinguer les tâches de production et d'interaction, notamment à l'oral, les tâches orales en face à face (conversation, débat, etc.) sont analysées en détail dans le paragraphe suivant, consacré aux tâches d'interaction.
31. C'est ce que le *CECR* appelle « la connaissance du monde ». § 2.1.1.

utiliser et, ici encore, il incombe à l'enseignant de lui apprendre à les mobiliser. Par exemple lors de la préparation d'un jeu de rôles, il peut lui faire (re)découvrir la palette d'énoncés correspondant à un acte de parole comme s'excuser (*pardon, excuse-moi/excusez-moi, veuillez m'excuser, je suis confus, excusez ma maladresse*, etc.) dans laquelle l'apprenant puisera selon la situation comme il l'aurait fait en langue source. Autre exemple : le professeur pourra rappeler que le déroulement du récit oral/écrit d'un événement est le même en FLE que dans la langue de l'apprenant et répond à la même logique.

– Adapter l'activité et le message à ses compétences. Un apprenant n'a pas forcément conscience de ses capacités langagières qu'il peut sous-estimer ou au contraire surestimer. L'enseignant devra alors aussi bien encourager un bon élève timide et concis à mobiliser toutes ses ressources que canaliser un apprenant médiocre sûr de lui et prolixe. Ainsi par exemple, dans une situation de présentation orale ou écrite, il n'hésitera pas à apprendre à chacun d'eux à s'auto-évaluer, en demandant au premier de développer son discours, au second de le limiter.

2. Exécuter, c'est :

– Savoir utiliser dans la réalisation de l'activité des stratégies de *compensation* (emploi de paraphrases, de néologismes, d'expressions francisées de la langue source, etc.). L'apprenant utilise souvent d'instinct ces stratégies de compensation. Loin de les lui interdire[32], il appartient au professeur de lui apprendre à les développer de façon à ne pas couper le fil de la communication : « Tu ne connais pas les mots *ordinateur, anniversaire* ? Qu'est-ce que tu peux dire ? » « Je veux parler de/Il s'agit de cet appareil qu'on appelle en anglais *computer*. Chaque année, quand on fête à la maison ma naissance/l'année de ma naissance ».

– Construire sur un savoir antérieur et faire avec ce que l'on a en pensant que cela peut marcher. Pour cela, l'apprenant met en œuvre « un discours préfabriqué d'éléments accessibles »[33] stocké dans sa mémoire, autrement dit la partie de ses compétences communicatives langagières (en lexique, grammaire, sémantique, etc.) qui correspond à la situation proposée.

---

32. Un grec peut dire « dilardise » pour « couardise » (néologisme fabriqué à partir de « dilos, lâche » ou « charpentien » pour charpentier (fabriqué sur les mots de métier en *-ien* comme *électricien*, *mécanicien*). Toutes ces « approximations » appartiennent à l'*interlangue* de l'apprenant, une langue parsemée d'erreurs qui lui est propre mais qui va se rapprocher de plus en plus de la norme au fur et à mesure de ses progrès. Il est donc inutile de lui interdire l'emploi de cette langue, cette interdiction pouvant entraîner des blocages néfastes à la communication. Par contre, il est du devoir de l'enseignant de lui indiquer qu'on ne parle pas/qu'on n'écrit pas comme ça mais qu'on dit/qu'on écrit... une fois terminée la prestation de l'apprenant.

33. *CECR*, § 4.4.1.3. Le Cadre parle d'« îlots de sécurité » puisque l'apprenant utilise des énoncés qu'il maîtrise.

3. Évaluer, c'est contrôler les résultats. L'évaluation peut être immédiate ou différée. Elle est immédiate dans une discussion lorsque l'apprenant comprend par les mimiques ou la réponse de son interlocuteur que son message a été ou n'a pas été compris. Elle est différée à l'oral comme à l'écrit lors d'activités non interactives (par exemple, faire un exposé ou écrire un rapport), à l'oral dans l'évaluation générale d'un jeu de rôles. Quand elle est différée, l'évaluation peut être faite conjointement par les condisciples et/ou l'enseignant qui veille à son exécution dans le respect de chaque intervenant.

4. Procéder à la remédiation, c'est apprendre à corriger ses erreurs tant du point de vue linguistique (en morphologie, syntaxe, etc.) que communicatif (registre de langue inadapté au contexte, tutoiement au lieu du vouvoiement, etc.). Dans cette optique, les évaluateurs (condisciples et/ou enseignant) posent des questions aux protagonistes afin de stimuler l'autocorrection : *Tu as dit/écrit... c'est faux. Qu'est-ce qu'il fallait/Qu'est-ce que tu aurais dû dire/écrire ?*

2.4. La gestion des activités d'interaction[34]

Pour apprendre aux élèves à maîtriser les activités d'interaction orale/écrite, l'enseignant doit habituer les apprenants à planifier leur activité, à l'exécuter, à l'évaluer et procéder à la remédiation.

1. Planifier, c'est :

– Prendre en compte le ou les interlocuteur(s)/le ou les destinataire(s)[35].
– Mobiliser et localiser ses ressources linguistiques en faisant appel à ses compétences.
– Cadrer, c'est accepter la mise en œuvre d'un schéma des échanges possibles et probables, c'est estimer un contenu et prévoir les échanges : Quel est le sujet de la discussion ? De quoi va-t-on parler ?

Pour préparer ses élèves à cette estimation et à ces prévisions, le professeur peut organiser, lors de la séance de préparation à l'activité interactive, une séance de brainstorming. Soit le jeu de rôles : « Tes parents ont décidé de rester à la maison pour le week-end. Tu n'es pas d'accord. Propose des idées pour leur faire changer d'avis. »[36] Après avoir laissé aux apprenants un instant de réflexion, l'enseignant pose des questions

34. *CECR*, § 4.4.3.3. Le *CECR* ne traite que de l'interaction orale. Nous avons étendu la démarche qu'il propose à l'interaction en général puisque les moyens de communication actuels (participation à un forum de discussion sur Internet, par exemple) permettent d'échanger pratiquement en temps réel comme c'est le cas dans l'interaction orale en face à face. Enfin, signalons que nous avons adapté l'approche du *CECR* en incluant dans la démarche qu'il propose celle de production.

35. Voir paragraphe précédent, § 7.2.3.

36. *Mag 3*, Hachette, Paris, 2007, p. 35. Un tel jeu de rôles pourrait faire l'objet d'une tâche de simulation écrite. « Tu veux partir en week-end à la mer avec tes amis. Tes parents ne veulent pas. Tu dialogues avec tes amis sur Internet. »

sur le nombre d'interlocuteurs (un père, une mère, leur enfant) et les arguments développés par les trois parties : Qui parle ? Que peut dire l'enfant ? Quels sont ses arguments (*On n'est pas sorti en week-end depuis longtemps ; pour une fois qu'il fait beau, il faut en profiter*, etc.) ? Quels sont les contre-arguments du père (*Non, je suis fatigué, j'ai eu une semaine difficile ; j'ai des travaux de jardinage*, etc.) ? Ceux de la mère (*Tu n'as pas fini ton travail de classe ; c'est la fin du mois, on n'a pas d'argent*, etc.) ? L'enseignant fait ensuite classer les arguments, du plus faible au plus fort et laisse la liberté aux acteurs du jeu de rôles de conclure à leur guise : les parents accepteront ou non de sortir pour le week-end.

– Adapter l'activité et le message à ses compétences[37]. Dans la discussion ci-dessus, chacun des acteurs va choisir les arguments qui lui semblent les plus pertinents, voire en imaginer d'autres s'il est bon élève.

2. Exécuter, c'est :

– Prendre la parole chacun à son tour et coopérer. Dans l'exemple, cette coopération prend la forme d'un échange d'arguments destiné à prendre une décision.

– Gérer l'aléatoire et savoir utiliser des stratégies de compensation. Dans le jeu de rôles proposé, l'aléatoire viendra peut-être d'un acteur qui coupera la parole à un autre (*Laisse-moi parler !*), situation non prévue dans la séance de préparation et que son interlocuteur devra gérer. Quant aux stratégies de compensation, elles seront sans doute présentes : « le père » aura peut-être oublié le mot « jardinage » et le remplacera par « j'ai du travail au jardin ».

– Demander de l'aide. « Notre fils veut aller passer le week-end à la neige. Qu'est-ce que tu en penses ? » Enseigner à interagir, c'est aussi apprendre aux apprenants les formulations correspondantes à cet acte de langage qu'ils auront sans doute à utiliser souvent en interaction : « Tu peux me donner ton avis./Donne-moi ton avis/À ma place, qu'est-ce que tu ferais ? »

3. Évaluer, c'est contrôler si le message passe ou non. Dans l'exemple précédent, l'enfant peut dire « Tu vois, papa, que j'ai raison, tu as besoin d'un bon week-end » (le message est en train de passer, « Alors vous ne voulez toujours pas ? » (le message ne passe pas).

4. Procéder à la remédiation, c'est :

– Clarifier : « Mais maman, j'ai fini mon travail ! »

– Faire clarifier : « Qu'est-ce que tu veux dire quand tu dis « j'ai fini mon travail » ? »

– Remédier à la communication : « Ah, je croyais que tu n'avais pas fini tes devoirs ! »

---

37. Voir paragraphe précédent, § 7.2.3.

Pendant l'exécution de l'activité, l'enseignant et les autres élèves se gardent d'intervenir et se contentent de noter les erreurs linguistiques et communicatives qui seront examinées au cours de l'activité d'évaluation qui conclut la séance[38].

2.5. La gestion des activités de médiation[39]

Les activités de médiation restent actuellement très marginales dans l'enseignement du FLE – sans doute parce qu'auteurs de manuels et enseignants restent très imprégnés du principe sacro-saint de l'approche communicative : éviter le recours à la langue maternelle – et cet état de fait nous semble regrettable, étant donné que dans la vie active, les apprenants auront certainement à accomplir de telles activités à l'oral comme à l'écrit.

Pour remédier à cette situation, on peut prévoir en classe des simulations à l'image de celles-ci :

1. à l'oral :

– *Ton père tient un magasin. Des touristes français veulent effectuer un achat. Tu sers d'interprète entre les touristes et ton père qui ne parle pas français.*

– *Tu as assisté dans ton pays à un accident de voiture entre des Français et des compatriotes. La situation s'envenime parce que les protagonistes ne se comprennent pas. Tu interviens et tu sers d'interprète.*

– *Tu es au restaurant en France avec ta famille. Tu traduis les différents menus proposés par le restaurant.*

2. à l'écrit :

– *Un hôtelier a reçu une lettre de remerciements d'un client français qui a séjourné dans son hôtel. Il te demande de la lui traduire. L'hôtelier veut répondre à cette lettre. Il rédige sa lettre et tu la lui traduis.*

– *Un ami restaurateur te demande de traduire en français la liste des consommations et la carte des menus de son établissement.*

– *Un tour opérateur français te demande de traduire une brochure dans ta langue maternelle.*

De telles activités peuvent être organisées à tous les niveaux, y compris au niveau A1 (traduire un menu à l'oral comme à l'écrit) et s'inscrire aisément dans toute unité. Exemple : Tous les manuels de FLE consacrent une (partie d') unité aux achats et proposent un jeu de rôles incluant une situation d'achat. Pourquoi ne pas doubler cette activité d'une activité similaire à celle proposée ci-dessus en 1 (*Ton père tient un magasin. Des touristes français...*) ?

---

38. Voir paragraphe précédent, § 7.2.3.
39. *CECR*, § 4.4.4.

3. Les tâches de la vie réelle

Dans tous les pays où l'on enseigne le FLE, il y a une présence française : ambassade, consulat, centre culturel, école et/ou lycée, entreprises, familles expatriées... Il faut que l'enseignant profite de cette présence pour mettre ses apprenants en situation authentique de communication. Le nombre de tâches susceptibles d'être réalisées ont déjà été listées et font l'objet de projets dits authentiques[40].

La réalisation d'un tel projet se déroule en trois étapes :

a. La préparation. La tâche doit :
– être choisie avec les apprenants et recueillir l'adhésion d'une majorité d'entre eux ;
– être adaptée à l'âge des élèves ;
– être motivante ;
– être minutieusement préparée.

b. L'exécution. La tâche doit donner l'occasion aux apprenants :
– d'échanger avec des Français par oral et/ou par écrit ;
– de mettre à l'épreuve leurs compétences communicatives.

c. L'évaluation. La tâche doit :
– être évaluée ;
– avoir un suivi.

Soit l'exemple suivant : « Vous emmenez vos élèves voir un film français au Centre Culturel Français ». La réalisation de ce projet conduit l'enseignant à :
– demander à un groupe d'élèves de contacter par oral ou par écrit le directeur du Centre pour connaître les programmes du Centre et solliciter l'autorisation d'assister à un film ;
– choisir avec ses élèves, à l'intérieur du programme, un film adapté à leur âge et à leurs goûts ;
– préparer avec minutie la séance de cinéma : *Qui a réalisé le film ? Dans quel but ? Qui joue dans ce film ? Quelle histoire raconte-t-il ?*, etc. Cette préparation peut faire l'objet de recherches sur Internet et de mises en fiches par groupes ;
– susciter un dialogue avec les responsables du Centre Culturel et si possible avec des spectateurs français avant et après le film au cours duquel les élèves pourront se présenter, montrer leur intérêt pour le film, échanger des impressions, etc. ;
– organiser un débat après la séance où chaque apprenant pourra donner son avis et à faire rédiger une fiche de synthèse ;
– faire préparer une lettre de remerciements adressée au directeur du Centre.

---

40. Voir partie 3, § 3.1.

8

Comment évaluer les acquisitions ?

L'objectif terminal de tout enseignement, y compris en langue, est de doter l'apprenant de connaissances qui sont le fruit des acquisitions. « Acquérir, c'est découvrir des informations, les organiser et les stocker en mémoire, en les reliant aux connaissances existantes (savoirs) et utiliser ces nouvelles connaissances dans les aptitudes visées (compréhensions orale et écrite, expressions orale et écrite). »[1] Dans cette optique, le terme d'*acquisition(s)* désigne :

– au singulier, « le processus qui aboutit à une augmentation des savoirs et savoir-faire langagiers et communicatifs d'un apprenant, à une modification de son interlangue »[2] ;

– au pluriel, le résultat de ce processus, à savoir l'ensemble acquis de ces savoirs et de ces savoir-faire langagiers et communicatifs.

Ces acquisitions supposées, pour être reconnues comme effectives, font l'objet d'évaluations à intervalles réguliers. Ces évaluations prennent des formes diverses et débouchent souvent sur des certifications.

Depuis l'introduction du *CECR* dans les années 2000, le terme d'*évaluation* a tendance à remplacer celui de *contrôle*, même si les deux termes ne sont pas synonymes. *Stricto sensu*, il vaudrait mieux parler :

---

1. Cuq J.-P. (dir.), *Dictionnaire de didactique du français langue étrangère et seconde*, Paris, Clé International, 2003, p. 13.
2. Cuq J.-P., *op. cit.*, p.12.

– de *contrôle* quand il s'agit de mesurer les acquis des connaissances en phonologie, grammaire, orthographe, etc. ;
– d'*évaluation* lorsque l'objectif recherché est de mesurer une compétence en compréhension ou production.

En effet, s'il est possible de mesurer, presque mathématiquement, une connaissance, il est difficile de mesurer une compétence qui n'est pas directement observable et sur laquelle on ne peut porter qu'un jugement de valeur, conformément à l'étymologie du terme *évaluer* qui vient de l'ancien français *value* « valeur » et signifie en conséquence « porter un jugement de valeur »[3] D'où l'importance d'une évaluation **positive**, mettant en avant les acquis... plutôt que les erreurs.

1. Qu'est-ce qu'évaluer ?

« L'évaluation des apprentissages est une démarche qui consiste à recueillir des informations sur les apprentissages, à porter des jugements sur les informations recueillies et à décider sur la poursuite des apprentissages compte tenu de l'intention d'évaluation de départ ».[4]

1.1. Les différentes étapes : l'intention, la mesure, le jugement, la décision

Toute évaluation comprend quatre moments :
– **l'intention ou la préparation.** Au cours de cette première étape, l'enseignant s'interroge : Quelle compétence – ou plus exactement quel objectif spécifique d'apprentissage relevant de telle ou telle compétence – évaluer ? Quel type d'évaluation choisir pour tester cette compétence ? Quelle tâche proposer aux élèves ? Quelles conditions de réalisation et quels critères définir préalablement ?
– **la mesure.** La seconde étape consiste principalement à administrer le test.
– **le jugement ou l'évaluation**. Lors de la troisième, l'enseignant porte un jugement, au vu des résultats, sur les performances réalisées par les apprenants (par rapport aux objectifs, à des critères définis préalablement, à des normes, aux performances antérieures des élèves) et réfléchit sur l'adéquation entre l'instrument de mesure qu'il a retenu et les résultats obtenus (le type d'évaluation choisi convenait-il à la situation du test ?).

3. Pour notre part, dans un souci de clarté et compte tenu des objectifs et de la dimension du livre, nous n'avons pas approfondi cette distinction, toute séduisante qu'elle soit.
4. Cuq J.-P., *op. cit.*, p. 90.

– **la décision ou la réflexion.** C'est l'heure du bilan. Le test est réussi ? L'enseignant passe à une nouvelle séquence d'apprentissage. Le test a révélé des faiblesses ? Il procède à des activités de remédiation.

1.2. Les différents types d'évaluation : l'évaluation sommative, l'évaluation formative, l'auto-évaluation

L'évaluation peut prendre différentes formes. Le *CECR* expose dans le détail 26 pratiques évaluatives présentées en opposition deux par deux et dont il précise les avantages et les inconvénients[5].

Tableau 1 : Les pratiques évaluatives selon le *CECR*		
1	Évaluation du savoir	Évaluation de la capacité
2	Évaluation normative	Évaluation critériée
3	Maîtrise	Continuum ou suivi
4	Évaluation continue	Évaluation ponctuelle
5	Évaluation formative	Évaluation sommative
6	Évaluation directe	Évaluation indirecte
7	Évaluation de la performance	Évaluation des connaissances
8	Évaluation subjective	Évaluation objective
9	Évaluation sur une échelle	Évaluation sur une liste de contrôle
10	Jugement fondé sur l'impression	Jugement guidé
11	Évaluation holistique ou globale	Évaluation analytique
12	Évaluation par série	Évaluation par catégorie
13	Évaluation mutuelle	Auto-évaluation

De ce tableau exhaustif, seuls trois types d'évaluation sont susceptibles d'interpeller en priorité l'enseignant de FLE :
– **l'évaluation sommative.** Elle « contrôle les acquis à la fin du cours et leur attribue une note ou un rang. Il ne s'agit pas forcément d'une évaluation de la compétence. En fait, l'évaluation sommative est souvent normative, ponctuelle et teste le savoir[6] ». C'est l'évaluation la plus ancienne, la plus connue et, sans doute à tort, la plus utilisée en classe. Elle juge plus le savoir que la compétence en termes de notes, voire de rangs et « elle est en général exigée par l'institution qui a besoin de noter et de classer[7] » ;

5. *CECR*, § 9.3.
6. *CECR*, § 9.3.5.
7. *Espaces*, guide pédagogique, Hachette, 1995, p. 9.

– **l'évaluation formative** a pour objectif de mesurer plus les compétences que les savoirs. Elle « consiste à prendre le pouls des élèves au travail et de pouvoir ainsi intervenir sur le moment... Elle est une dimension de l'apprentissage : en permettant l'ajustement progressif de la démarche à l'objectif, elle est au cœur de l'acte d'apprendre, y apporte une dynamique et en garantit l'efficacité.[8] » « Cette évaluation, qui relève de l'évaluation continue, complète la précédente, permet d'analyser les comportements et les stratégies des élèves et peut déboucher, si nécessaire, sur une pédagogie différenciée.[9] »
– **l'auto-évaluation.** L'évaluation formative permet à l'élève de se rendre compte de ses progrès en matière de compétence, le conduit à l'auto-évaluation qui est « le jugement que l'on porte sur sa propre compétence.[10] » Cette évaluation est d'importance puisqu'elle permet de responsabiliser l'apprenant, de lui apprendre à gérer en autonomie son apprentissage et de mesurer ses progrès à l'aide de son portfolio, véritable outil d'auto-évaluation... et d'information pour l'enseignant :

« Ce portfolio est pour l'enseignant une source d'informations qui lui permet de voir les progrès [de l'apprenant] mais aussi de remédier à ses difficultés. Après négociation avec l'élève, la remédiation et enfin la réussite peuvent être envisagées. Cet outil d'évaluation permet de créer [pour l'apprenant] une dynamique de réussite. Il renforce l'estime de soi et une meilleure connaissance de ses forces et des défis qu'il doit surmonter.[11] »

2. Pourquoi et quand évaluer ?

« Le traitement scolaire des connaissances apparaît généralement inséparable des procédures de contrôle de ces connaissances »[12]. Ces procédures de contrôle ont lieu :
– en début d'apprentissage avec les tests de pronostic ;
– en cours d'apprentissage avec les tests de diagnostic ;
– en fin de l'apprentissage avec les tests certificatifs.

Rappelons ici brièvement les trois concepts fondamentaux sur lesquels repose l'efficacité d'un test[13]. Pour être efficace, un test doit

8. Meirieu P., *L'école, mode d'emploi. Des « méthodes actives » à la pédagogie différenciée.* Paris, ESF, 1990.
9. Robert J.-P. (2008), *Dictionnaire pratique de didactique du FLE*, Paris, Ophrys, 2008, p. 84.
10. *CECR*, § 9.3.13. L'apprenant de FLE peut, par exemple, mettre à profit l'outil d'évaluation proposé par Dialang qui permet de s'autoévaluer en ligne dans 14 langues de l'Union européenne, dont le français.
http://www.dialang.org/french/index.htm
11. Solanet-Moulin J.-P., *L'évaluation positive*, http://nathaliedollfus.blogspot.com/
12. *L'évaluation au cœur des apprentissages*, Endrizzi L. et Rey O., n° 39, novembre 2008, dossier d'actualité, INRP, www.inrp.fr/vst.
13. *CECR*, § 9.1.

être **valide** (apte à mesurer ce qu'il doit effectivement mesurer ; pour prendre deux exemples caricaturaux : si les photocopies réalisées pour le test sont de mauvaise qualité, c'est la capacité visuelle des candidats qui est testée ; de même, si le document sonore est de mauvaise qualité ou passé avec un faible volume sonore, ce sont les capacités auditives des candidats qui sont testées et non la réception de l'oral en elle-même ![14]), **fiable** (capable de donner toujours les mêmes résultats dans les mêmes conditions d'application ; si un même test est donné dans deux groupes du même niveau, dans les mêmes conditions, les résultats devraient être comparables), **faisable** (compte tenu des critères de longueur, de temps alloué au test, etc.).

2.1. Les tests de pronostic

Parmi les tests de pronostic, les plus utiles à l'enseignant sont les tests de niveau qui permettent en début d'apprentissage de :
– vérifier l'état initial des acquisitions antérieures et « d'avoir une idée précise des compétences » et « de faire une sorte de bilan des atouts et des points faibles de l'élève » ;
– « donner l'occasion [à l'élève] de savoir où il en est de son apprentissage et de mesurer les efforts qui lui restent à faire dans chaque domaine. C'est lui permettre de s'interroger sur ses motivations et de prendre les décisions adéquates de manière autonome. C'est donc, qu'il s'agisse d'un adolescent ou d'un adulte, l'aider à gérer lui-même son apprentissage. Ses lacunes et ses points forts lui sont révélés, il est désormais dans de bonnes conditions pour progresser » ;
– « donner [à l'enseignant] les moyens d'anticiper sur sa conduite des objectifs pédagogiques » et de « lui donner une possibilité de réflexion sur l'organisation du cursus de formation »[15].

Ces tests de niveau relèvent plus de l'évaluation formative que de l'évaluation sommative.

2.2. Les tests de diagnostic

En cours d'apprentissage, les tests de diagnostic sont des tests de contrôle et de progrès qui relèvent également plus de l'évaluation formative que sommative. Leur « rôle principal (tout comme en médecine)

14. D'où l'importance également d'établir des grilles d'évaluation fines au moment de l'élaboration du test – qui pourront d'ailleurs le cas échéant être distribuées aux apprenants pour qu'ils aient parfaitement conscience des aspects sur lesquels ils vont être évalués.
15. Tagliante C., *L'évaluation et le cadre européen commun*, Paris, Clé International, 2005, p. 17.

est d'analyser l'état d'un individu, à un moment donné, afin de porter un jugement sur cet état et de pouvoir, si besoin est, donner les moyens de remédier à un dysfonctionnement. Si un médecin ne cache pas son état à un patient, un enseignant fera de même, et le tandem enseignant/élève pourra ainsi **progresser.** Mais si un traitement adapté permet de guérir, remédier à l'état d'un élève à un moment donné de son apprentissage ne suffit pas. Si tel était le cas, cela signifierait qu'une connaissance acquise l'est pour toujours. L'enseignant sait qu'il n'en est rien. Chaque élève apprend à son propre rythme, avec ses propres démarches intellectuelles. Il construit intuitivement son cheminement vers l'acquisition, avançant souvent par paliers successifs, rarement de façon linéaire.

Sans chercher à tout évaluer, l'enseignant choisira, parmi les objectifs qu'il s'est fixés, ceux qui sont indispensables à la progression de l'élève et en vérifiera impérativement la maîtrise. Cette évaluation en cours de formation, permettra à chacun de vérifier l'acquisition étape par étape. Elle justifiera une régulation de l'enseignement : revenir en arrière, reprendre, creuser, approfondir, changer de tactique… Elle donnera lieu à une réflexion personnelle de l'élève sur sa démarche d'apprentissage. C'est bien cette double rétroaction (l'élève prend conscience de ce qu'il doit faire pour progresser, l'enseignant repère les failles et régule ses démarches) qui correspond à l'esprit de l'évaluation formative : une aide à l'apprentissage et une amélioration des pratiques pédagogiques »[16].

Le tableau suivant synthétise ainsi deux démarches possibles en la matière.

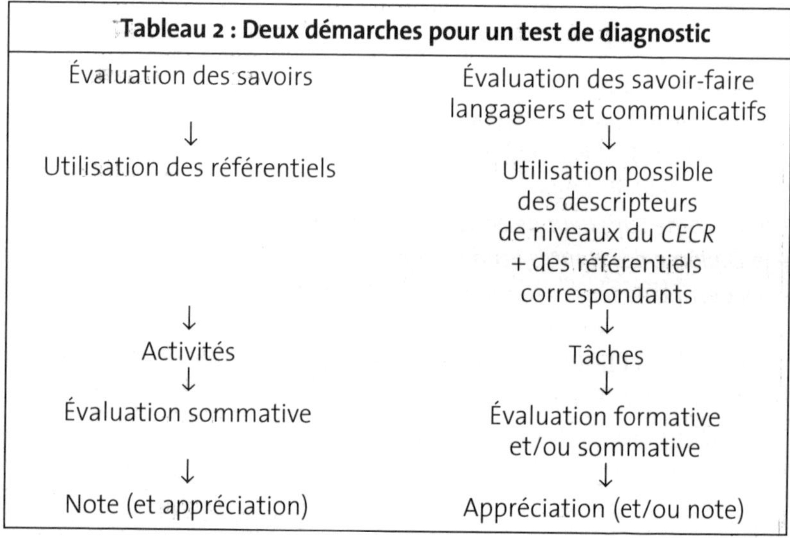

Tableau 2 : Deux démarches pour un test de diagnostic	
Évaluation des savoirs	Évaluation des savoir-faire langagiers et communicatifs
↓	↓
Utilisation des référentiels	Utilisation possible des descripteurs de niveaux du *CECR* + des référentiels correspondants
↓	↓
Activités	Tâches
↓	↓
Évaluation sommative	Évaluation formative et/ou sommative
↓	↓
Note (et appréciation)	Appréciation (et/ou note)

16. Tagliante C., *op. cit.*, 2005, p. 18.

2.3. Les tests certificatifs[17]

En fin d'apprentissage, les tests certificatifs/certifications en FLE portent sur l'ensemble d'un programme. Ils/Elles sont centré(e)s sur les compétences et doivent vérifier si l'apprenant est capable de réaliser toutes les tâches que l'on attend de lui en fin d'apprentissage. En conséquence, ils/elles servent, comme leur nom l'indique, à certifier une capacité (passage à la classe supérieure) et/ou à délivrer un diplôme ou un certificat qui atteste du niveau en français du détenteur soit en langue française en général soit dans une spécificité de la langue (français médical, juridique, des affaires, etc.).

Ces tests élaborés par des enseignants spécialisés dans cette fonction, sont en général standardisés et relèvent de l'évaluation formative.

Il existe un grand nombre de certifications délivrées :
- soit par le ministère français de l'Éducation nationale ;
- soit par des universités françaises ;
- soit par des organismes indépendants mais reconnus officiellement : l'Alliance française, la Chambre de Commerce et d'Industrie de Paris (CCIP).

Parmi elles, les plus connues sont le DELF[18] et le DALF mis en place par le **CIEP** et celles de la **Sorbonne** (Université de Paris IV) qui propose trois degrés de certification :

	Niveaux du *CECR*
– le *Certificat pratique de langue française – 1er degré*	C1
– le *Diplôme de langue et littérature françaises – 2e degré*	C2
– le *Diplôme supérieur d'études françaises – 3e degré*	C2

L'**Alliance française** de son côté propose :

– le *Certificat d'Études de Français Pratique 1* (CEFP1)	A2
– le *Certificat d'Études de Français Pratique 2* (CEFP2)	B1
– le *Diplôme de Langue* (DL)	B2
– le *Diplôme Supérieur de Langue et Culture Françaises* (DSLCF)	C1
– le *Diplôme des Hautes Études Françaises* (DHEF)	C2
– les *Certificats Jeunes apprenants* (CJA) (enfants 7-12 ans),	A1-A2

Quant à la **CCIP**, elle propose pas moins de dix certificats et diplômes :

– le *Certificat de Français Professionnel, 1er degré* (CFP1)	A2
– le *Certificat de Français Professionnel, 2e degré* (CFP2)	B1

17. Pour plus ample information, consulter l'ouvrage de F. Noël-Jothy & B. Sampsonis, *Certifications et outils d'évaluation en FLE*, Paris, Hachette, 2006.
18. Et ses déclinaisons pour les plus jeunes : DELF Prim et DELF version junior.

– le *Diplôme de Français des Affaires, 1er degré* (DFA1) B2
– le *Diplôme de Français des Affaires, 2e degré* (DFA2) C1
– le *Diplôme Approfondi de Français des Affaires* (DAFA) C2
– le *Diplôme de Français Médical* (DFM) B2
– le *Certificat de Français Juridique* (CFJ) B2
– le *Certificat de Français du Tourisme et de l'Hôtellerie* (CFTH) B1+
– le *Certificat de Français Scientifique et Technique* (CFST) B1+
– le *Certificat de Français du Secrétariat* (CFS) B1+

En guise de bilan intermédiaire, les caractéristiques de ces trois fonctions de l'évaluation peuvent ainsi être résumées[19].

Tableau 3 : Caractéristiques des trois fonctions de l'évaluation

Fonction principale	Pourquoi ?	Quoi ?	Quand ?	Qui ?	Caractéristiques	Fonctions annexes
PRONOSTIC	1. Pour prédire si l'élève est apte à apprendre	tester des aptitudes et des capacités	avant le cursus	l'élève	normative et souvent standardisée	informer situer
	2. Pour pouvoir orienter	vérifier les pré-requis et les acquisitions hors système scolaire	avant le cursus	l'élève	1re étape de l'évaluation formative (prise d'information)	classer motiver
	3. Pour pouvoir réajuster le cursus	vérifier les progrès	avant et après le cursus	l'élève	souvent standardisée	mesurer un écart
DIAGNOSTIC	Pour faciliter l'apprentissage et pour réguler l'enseignement	obtenir de l'information sur les difficultés rencontrées par l'élève et sur ses progrès	pendant le cursus	le professeur et l'élève	2e étape de l'évaluation formative (prise d'information), évaluation continue critériée	guider corriger remédier renforcer aider vérifier
INVENTAIRE	Pour mesurer le degré d'acquisition de l'élève sur un cycle complet	évaluer les connaissances, donner une certification socialement significative	à la fin du cursus	l'élève	3e étape de l'évaluation formative critériée ou évaluation sommative, normative	classer sanctionner

Tagliante C., *L'évaluation et le cadre européen commun*, Paris, Clé International, 2005, p. 19.

De manière transversale, outre les fonctions de *feedback* et de sélection qui apparaissent clairement, on n'oubliera pas de souligner la fonction de motivation inhérente à ces tests : une bonne note constitue ainsi une récompense immédiate pour les efforts accomplis. À l'enseignant, si la note est moins bonne, de mettre en avant les progrès individuels accomplis depuis le dernier test...

19. C. Tagliante appelle ici « inventaire » l'ensemble des tests certificatifs.

3. Quoi et comment évaluer ?

Il faut ainsi toujours garder en tête l'importance de la note pour un apprenant. Il est donc nécessaire non seulement de choisir la « bonne » évaluation, mais également de bien préciser aux apprenants quel type d'évaluation les attend et sur quels critères ils seront évalués.

Les compétences de l'apprenant étant une somme conjuguée de savoirs et de savoir-faire, l'évaluation consiste donc à juger de ces savoirs et savoir-faire au moyen de tests de diagnostic relevant :
– de l'évaluation sommative quant il s'agit de juger des savoirs ;
– des évaluations formative et sommative quand il s'agit de juger des savoir-faire langagiers et communicatifs.

3.1. L'évaluation des savoirs

Évaluer les savoirs revient à évaluer les acquisitions en phonologie, grammaire, conjugaison, vocabulaire et orthographe. Les activités correspondantes peuvent prendre la forme :
– d'une grille à cocher (phonétique) ;
– d'un exercice de classement (vocabulaire) ;
– d'un texte lacunaire (grammaire, conjugaison) ;
– d'un exercice d'appariement (vocabulaire, grammaire) ;
– d'un QCM (Questionnaire à choix multiples) (phonétique, vocabulaire, etc.) ;
– d'un tableau de production à plusieurs entrées (grammaire) ;
qui sont souvent autant d'outils d'évaluation dits « fermés » parce qu'ils visent une seule réponse exacte par opposition aux tests dits « ouverts » dont les réponses peuvent être multiples et qui relèvent de l'évaluation formative.

Pour l'élaboration du matériel correspondant, le rédacteur de l'activité :
– peut utiliser les listes de contenus (lexicaux, grammaticaux, etc.) des référentiels basés sur le *CECR* ;
– veille à la lisibilité de la consigne ;
– limite le nombre de réponses possibles dans les QCM et les activités apparentées.

Exemple 1 : Grille à cocher

Objectif : Distinguer le son [y] du son [u].

Activité : Phonétique.

Public : Tout public débutant complet .

Consigne : *Vous allez entendre dix phrases. Cochez, comme dans les exemples, les phrases où vous entendez le son* [y] *ou le son* [u].

0. Bonjour à tous !
00. Salut Thomas !
1. Je suis journaliste.
2. Coucou ! Moi, c'est Maria.
3. Comment tu t'appelles ?
4. C'est super !
5. Tu aimes l'école ?
6. Moi, j'ai cours de ski, c'est génial !
7. L'école de Bastien, c'est nul !
8. On cherche un document sur le racisme.
9. Noirs ou blancs, roux ou bruns, tous copains.
10. Tom a douze ans et demi.

	0	00	1	2	3	4	5	6	7	8	9	10
[y]		✗										
[u]	✗											

C. Himber, C. Rastello, F. Gallon, *Mag 1*, méthode de français, Paris, Hachette, 2006, p. 36.

Remarques :

1. Toutes les phrases du test sont extraites du manuel *Mag 1* réalisé à partir d'un référentiel A1.

2. La lisibilité de la consigne est confortée par les exemples.

3. Le nombre de phrases a été volontairement limité à dix en raison de la lassitude et de la fatigue que peut engendrer une telle activité pour un débutant complet.

4. L'évaluation est sommative.

Exemple 2 : Exercice d'appariement – le vocabulaire des métiers/professions

Objectif : Apprendre/réviser le vocabulaire des métiers/professions.
Activité : Lexicale
Public : Tout public débutant complet.
Consigne : *Associez chaque image à une profession.*

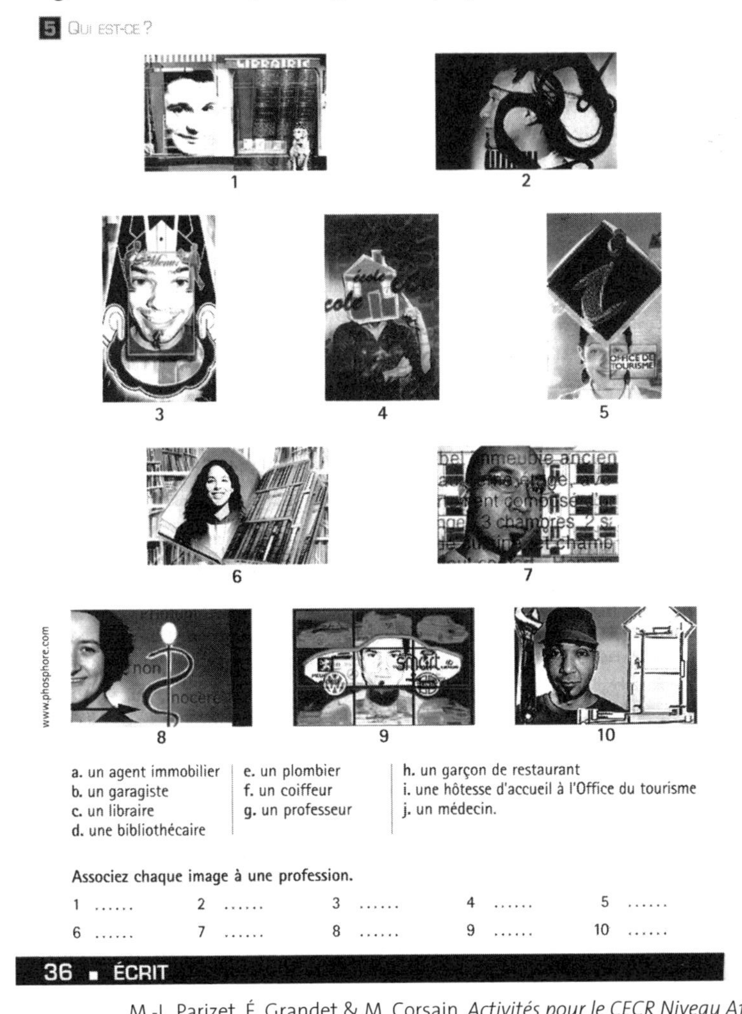

5 Qui est-ce ?

1 2 3 4 5 6 7 8 9 10

a. un agent immobilier
b. un garagiste
c. un libraire
d. une bibliothécaire
e. un plombier
f. un coiffeur
g. un professeur
h. un garçon de restaurant
i. une hôtesse d'accueil à l'Office du tourisme
j. un médecin.

Associez chaque image à une profession.

1	2	3	4	5 ......
6	7	8	9	10 ......

36 ▪ ÉCRIT

M.-L. Parizet, É. Grandet & M. Corsain, *Activités pour le CECR Niveau A1*, Paris, Clé International, 2005, p. 36.

Remarques :

1. Le vocabulaire est extrait d'un référentiel A1.
2. L'évaluation est ici obligatoirement sommative.
3. Les auteurs de l'exercice ne proposent aucune grille d'évaluation.

3.2. L'évaluation des savoirs, savoir-faire langagiers et communicatifs

L'évaluation des savoirs, savoir-faire langagiers et communicatifs revient à juger des compétences en compréhension, production, interaction, médiation orales et écrites. Les tâches correspondantes diffèrent selon :
– la ou les compétence(s) visée(s) : par exemple, compréhension orale ou écrite, compréhension et expression écrites ;
– le niveau des apprenants : A1, A2, B1, etc.
et peuvent être conduites, en cas d'évaluation formative, à partir des descripteurs du *CECR* qu'il convient le plus souvent d'aménager compte tenu des objectifs fixés à chacune des tâches.

Ces tâches très diverses peuvent prendre la forme :
– d'un exercice d'appariement (compréhension orale/écrite) ;
– d'un QCM à plusieurs entrées (compréhension orale/écrite) ;
– d'un tableau de production à plusieurs entrées (production écrite) ;
– d'un test de closure (compréhension écrite)[20] ;
– d'un texte induit, guidé avec contraintes, avec ou sans illustrations (production orale/écrite) ;
– d'une interview (interaction orale) ;
– d'un échange sur un forum de discussion (interaction écrite) ;
– d'un repérage (compréhension orale/écrite) ;
– d'une activité de synthèse (résumé, compte rendu) (production et médiation orales et écrites) ;
– d'une rédaction, d'une dissertation guidée ou non (production écrite) ;
– etc.

Pour l'élaboration du matériel correspondant, le rédacteur de la tâche :
– peut utiliser les descripteurs du *CECR* après les avoir, le plus souvent, reformulés et réécrits en incluant les contenus linguistiques des référentiels ;
– veille à la lisibilité de la consigne ;
– limite le nombre d'items des grilles d'évaluation à fonction formative (en compréhension et production), notamment dans les tests des premiers niveaux (A1 et A2)[21] comme le recommande le guide

20. Un test de closure est un « test qui consiste à supprimer un mot sur cinq d'un texte authentique afin de mesurer la compréhension » (C. Tagliante, *op. cit.*, p. 96).
21. Il est impossible de prendre en compte tous les critères proposés par les descripteurs du *CECR*.
F. Goullier note en ce qui concerne l'évaluation de la production : « [les critères fournis par le *CECR*] sont trop nombreux pour être pris en compte dans une même évaluation : 9 peuvent s'appliquer à une production écrite, 11 à l'expression orale en interaction et 10 à l'expression orale en continu.

pédagogique du *Nouvel Espaces 1* qui limite à 6 items la grille d'évaluation de l'expression orale (3 pour la valeur communicative, 3 pour la qualité linguistique) et à 7 (3 pour la valeur communicative, 4 pour la qualité linguistique) celle de l'évaluation de l'expression écrite[22] ;
– veille à l'adéquation de la tâche : Est-elle bien adaptée à la/aux compétence(s) évaluée(s), à/aux objectif(s) ciblé(s), au public visé ?

Exemple 3 : Exercice d'appariement – apprendre/réviser le vocabulaire des métiers/professions[23]

Objectif : Apprendre/réviser le vocabulaire des métiers/professions.
Type de tâche : Compréhension écrite.
Public : Tout public débutant complet.
Consigne : *Que fait chaque professionnel ? Reliez d'une flèche les éléments de la colonne de gauche aux éléments de la colonne de droite.*

6 Que fait chaque professionnel ? Reliez d'une flèche les éléments de la colonne de gauche aux éléments de la colonne de droite.

1. Il loue et vend des appartements.	a. l'employé de banque
2. Il vend des livres, des BD, des dictionnaires.	b. le dentiste
3. Vous allez le voir quand vous avez mal aux dents.	c. le garagiste
4. Il consulte à son cabinet, à l'hôpital ou à domicile.	d. le libraire
5. Vous l'appelez quand vous avez un problème dans votre salle de bains.	e. la bibliothécaire
6. Elle vous prête des livres, des BD, des CD.	f. le plombier
7. Il sert les clients au restaurant.	g. le coiffeur
8. Elle accueille les touristes et donne des dépliants. →	h. le professeur
9. Il travaille dans une école.	i. le garçon de restaurant
10. Il vend, répare des voitures.	j. l'hôtesse d'accueil à l'Office du tourisme
11. Il travaille dans une banque.	k. l'agent immobilier
12. Il coupe les cheveux.	l. le médecin

M.-L. Parizet, É. Grandet & M. Corsain, *Activités pour le CECR Niveau A1*, Paris, Clé International, 2005, p. 37.

Il est de la responsabilité du professeur d'en sélectionner quelques-uns, sans doute pas plus de 4, qui correspondent à ses choix pédagogiques et à un contexte particulier, et ce en essayant de mêler des critères portant sur la réalisation de la tâche (développement thématique, cohésion, aisance à l'oral, tours de parole...) et d'autres portant sur les aspects liés au système de la langue (correction grammaticale, maîtrise du système phonologique, maîtrise de l'orthographe...). » (*Les outils du Conseil de l'Europe en classe de langue, Cadre européen commun et Portfolios*, Paris, Didier, 2005, p. 99).

22. G. Capelle, N. Gidon & S. Pons (1995), *Nouvel Espaces 1, guide pédagogique*, Paris, Hachette FLE, p. 9.

23. Nous avons choisi ici un deuxième exercice d'appariement pour montrer que, quand on prépare un test, on veille à faciliter la correction. Dans l'exemple 2, il n'y a aucun problème (10 items, 1 point par item si l'on note sur 10) contrairement à l'exemple 3 (11 items. Comment noter sur 10 ?). Voir l'analyse proposée plus loin, dans la section 8.4.2.

Remarques :

1. Il s'agit d'une véritable tâche de compréhension écrite puisque l'apprenant doit comprendre le sens des phrases pour retrouver le métier/la profession correspondant(e). Elle relève donc des savoir-faire langagiers.

2. L'évaluation est ici obligatoirement sommative.

3. Les auteurs de l'exercice ne proposent aucune grille d'évaluation.

Exemple 4 : L'interview

Descripteur : Peut répondre dans un entretien à des questions personnelles posées très lentement et clairement dans une langue simple, et concernant son identité, sa famille et ses goûts en matière de lecture, de cinéma et de musique.

Type de tâche : Jeu de rôles.

Compétence(s) visée(s) : Interaction orale, production orale.

Public : Adolescents.

Niveau : A1.

Actes de parole : Se présenter, parler de sa famille, indiquer ses goûts.

Consigne : *Tu te présentes au DELF. L'examinateur te pose des questions sur ton identité, ta famille, tes goûts (lecture, musique, cinéma). Je suis l'examinateur. Tu réponds aux questions.*

Questions possibles :

– *Comment tu t'appelles ? Quel est ton prénom, ton nom ? Tu es de quelle nationalité ?/Tu es français ? Tu as quel âge ?*

– *Comment s'appelle ton père ? Ta mère ? Tu as des frères, des sœurs ? Comment il(s)/elle(s) s'appelle(nt) ?*

– *Tu aimes la lecture/la musique/le cinéma ? Quels livres/films/musiques tu aimes/tu préfères/tu adores/tu n'aimes pas/tu détestes ?*

Grille d'évaluation :

Adéquation réponse/question	4
Étendue du vocabulaire	1
Grammaticalité des énoncés	3
Prononciation	1
Aisance, fluidité	1

Remarques :

1. Dans cette tâche, nous avons utilisé un descripteur du *CECR* « Peut répondre dans un entretien à des questions personnelles posées très lentement et clairement dans une langue directe et non idiomatique. »

(Interviewer et être interviewé).[24] Mais ce descripteur a été reformulé et réécrit et inclut les contenus du référentiel A1 en termes de notions et de lexique.

2. La consigne est précise : *Tu es au DELF. L'examinateur te pose des questions. Je suis l'examinateur. Tu réponds aux questions.*

3. L'évaluation est formative mais peut être traduite en note.

4. Le nombre d'items de la grille d'évaluation est volontairement limité à 5.

Exemple 5 : Repérage

Type de tâche : Repérage.

Compétence(s) visée(s) : Compréhension écrite.

Public : Adolescents, adultes. **Niveau :** A1.

Consigne : *Complétez.*

COMPRÉHENSION ÉCRITE

activité 2 Lisez le document suivant.

TARIFS
(valables jusqu'au 28/08) :

Entrée individuelle : 2,45 € (Tarif réduit : 1,95 €)
Carte 10 entrées Angevin : 17,30 € (Tarif réduit : 10,80 €)
Carte 10 entrées non Angevin : 20,90 € (Tarif réduit : 14,60 €)
Abonnement annuel Angevin : 78 €
Abonnement annuel non Angevin : 92,60 €
Titulaire carte Passe-sport et carte Partenaires : Tarif réduit : 1,25 € (à l'unité) et 10,80 € (10 entrées)
Séance à thème : 2,95 € (Tarif réduit : 2,45 €. Jeunes de moins de 18 ans uniquement)
Bonnet de bain : 3 €

Tarif réduit (sur justificatif) pour :

- Jeunes de moins de 18 ans
- Militaires
- Étudiants sur présentation de leur carte
- Demandeurs d'emploi angevins
- Cartes Partenaires - cartes Passe-sport
- Familles nombreuses : père, mère, sur présentation de leur carte de membre d'une association familiale d'Angers ou d'une pièce officielle précisant cette qualité
- Personnes âgées de 60 ans et plus
- Handicapés titulaires d'une carte délivrée par la COTOREP
- Cartes écoles municipales de natation (durant la période de validité), même tarif que les cartes Passe-sport et Partenaires.

Complétez.

Ex. 0 : Muriel habite à Angers. Elle va à la piscine une fois par semaine.
Elle achète une carte 10 entrées Angevin.
Elle paye 17,30 €.

1. Frédéric est au chômage. Il ne va pas souvent à la piscine.
Il achète ....
Il paye ....

2. Noémie prend des cours de natation. Elle va aussi à la piscine le mercredi avec ses copines.
Elle achète ....
Elle paye ....

3. Géraldine va exceptionnellement à la piscine avec ses cinq enfants mais elle a oublié son bonnet de bain.
Elle achète ....
Elle paye ....

4. Serge et Françoise sont à la retraite et vont à la piscine pendant les vacances scolaires avec leurs deux petits-enfants.
Ils achètent ....
Ils payent ....

5. Thierry habite juste à côté de la piscine. Il va tous les jours à la piscine.
Il achète ....
Il paye ....

R. Lescure, E. Gadet & P. Vey, *DELF A1, 150 activités*, Paris, Clé International, 2005, p. 10.

24. *CECR*, § 4.4.3.1.

Remarques :

1. Dans cette tâche de compréhension écrite, les apprenants doivent repérer les informations pour compléter les phrases.

2. L'évaluation est ici obligatoirement sommative, bien que l'on teste un savoir-faire : savoir repérer.

3. Les auteurs de l'exercice ne proposent aucune grille d'évaluation.

Exemple 6 : Rédaction guidée

Fiche 25

A2 : Production d'écrits

Descripteur évalué	ÉCRITURE CRÉATIVE **Peut écrire sur les aspects quotidiens de son environnement, par exemple les gens, les lieux, le travail ou les études, avec des phrases reliées entre elles.** **Peut faire une description brève et élémentaire d'un événement, d'activités passées et d'expériences personnelles.** **Peut écrire une lettre personnelle très simple pour exprimer remerciements ou excuses.**
Fonctions discursives (actes de langage)	Raconter, s'informer, proposer à quelqu'un qu'il fasse quelque chose, suggérer
Type de tâche	Rédiger une petite lettre à un(e) ami(e)
Public	Adolescents, adultes
Niveau taxonomique	Écriture créative
Domaine	Privé

Consigne

Un(e) ami(e) français(e) vous annonce son intention de passer une semaine dans votre pays cet été. Vous lui répondez pour :

– donner de vos nouvelles ;
– lui indiquer que sa proposition vous convient ;
– lui raconter ce que vous avez fait depuis votre dernière rencontre ;
– lui proposer différentes possibilités d'hébergement ;
– lui suggérer des endroits à visiter.

Écrivez environ 100 mots.

Grille d'évaluation et barème sur 15 points (sur 20 = note obtenue x 20/15)

Respect des 6 consignes	0	0,5	1	1,5	2	2,5	**3**
Lisibilité de l'écriture	0	0,5	**1**				
Intelligibilité du message	0	0,5	1	1,5	**2**		
Lexique	0	0,5	1	1,5	2	2,5	**3**
Orthographe	0	0,5	1	1,5	**2**		
Morphosyntaxe	0	0,5	1	1,5	**2**		
Énonciation et articulation du texte *(et)*	0	0,5	1	1,5	**2**		

Tagliante C., *L'évaluation et le cadre européen commun*, Paris, Clé International, 2005, fiche 25, p. 135.

Remarques :

1. Le descripteur évalué est emprunté au *CECR* (§ 4.4.1.2). Il n'a pas été modifié.

2. L'évaluation est obligatoirement formative.

4. Comment apprécier les résultats ?

Toute évaluation, pour remplir son rôle, doit comporter une appréciation sur les résultats obtenus par l'élève. Si cette appréciation revêt différents modèles selon les pays et les cultures qu'ils véhiculent, elle doit cependant être toujours formulée de façon positive.

4.1. Les différents modèles

Il existe trois modèles d'appréciation des résultats d'une évaluation, chacun d'eux pouvant être utilisé soit séparément soit en combinaison avec les deux autres :

– **la note :** C'est le système de notation le plus utilisé. Le correcteur attribue, selon le degré de réussite une note sur 30 (Italie)[25], sur 20 (Belgique, France, Portugal), sur 17 (Pologne), sur 13 (Danemark), sur 10 (Espagne, Grèce, Islande, Pays-Bas), sur 6 (Suisse), sur 3 (Finlande) ; dans d'autres pays, au contraire (Allemagne, Autriche), plus la note est élevée, plus les résultats sont jugés insuffisants : 1 correspond à excellent, 6 ou 5 à échec (Allemagne, Autriche).

– **la lettre :** C'est le système adopté en Angleterre et utilisé un temps en France. Ce système offre l'avantage de constituer des groupes de niveaux : Par exemple[26], A excellent, B très bien, C bien, D satisfaisant, E passable, F échec. Ces niveaux peuvent être pondérés avec des + (voire des –) comme c'est le cas en Suède : VG++ (= A), VG+ (= B), VG (= C), G+ (= D), G (= E), U (= F)[27].

– **le commentaire :** Le correcteur peut se contenter de commenter les résultats d'un test sans faire appel à une note ni à une lettre. Il peut également accompagner la note/lettre par une appréciation portant à la fois sur le test lui-même et sur les progrès réalisés ou non par l'apprenant par rapport à une prestation antérieure de même nature.

Les modèles d'évaluation étant inhérents à la culture d'un pays – les Français, par exemple, sont très attachés à la note – il est impossible en conséquence de proposer un « modèle idéal » susceptible de plaire à tous les enseignants et de correspondre à toutes les situations d'enseignement/apprentissage. Cependant, au moins à l'école primaire et au collège, notre préférence irait à un système d'évaluation qui

25. Le chiffre indiqué correspond à la note maximale et au niveau excellent.
Informations extraites de la table de conversion présentée sur son site Internet par l'École polytechnique fédérale de Lausanne (Suisse). Les données sont anciennes (1993) et ont pu changer mais elles donnent une idée assez précise des différences notables entre pays européens en matière de notation d'évaluation.
http://academique.epfl.ch/pdf/Echelle_notes_ECTS.pdf

26. Il s'agit de l'échelle de niveaux proposée par l'école polytechnique fédérale de Lausanne.

27. VG = Godkind (excellent), G = Godkang (satisfaisant/passable), U = Underkant (échec)

confondrait en un seul les trois modèle précédents : le correcteur note le test et ajoute un commentaire personnalisé ; cette note permet à l'enseignant de proposer à l'apprenant un groupe de niveau (de A à ...), cette proposition faisant l'objet d'une concertation entre enseignant et apprenant au vu des résultats du test.

Les avantages de ce modèle sont nombreux :
– la note donne aux apprenants une indication sur leur taux de réussite au test ;
– la lettre les répartit dans un groupe qui rivalise avec les autres groupes. Elle est facteur d'émulation entre les groupes, le changement de groupe étant un facteur particulièrement stimulant : tel apprenant qui passe de C à B voit ses efforts récompensés, tel autre qui descend de B à C comprend qu'il doit redoubler d'efforts s'il veut réintégrer le groupe B ;
– le commentaire individualisé permet de porter une évaluation positive.

4.2. La notation en évaluation sommative

La notation en évaluation sommative ne pose aucun problème majeur et est presque d'ordre arithmétique, quel que soit le modèle d'évaluation choisi, à condition que l'on ait au préalable calibré correctement le test de façon à faciliter la notation. Ainsi :

Exemple 1 : Grille à cocher[28]

	0	00	1	2	3	4	5	6	7	8	9	100
[y]		✗										
[u]	✗											

Le nombre de phrases étant limité à 10, le correcteur pourra affecter 1 point par réponse exacte s'il note sur 10, 2 s'il note sur 20. S'il privilégie les groupes de niveaux, il peut estimer que 9/10 réponses exactes relèvent du groupe A, 7/8 du groupe B, etc.

Exemple 2 : Exercice d'appariement[29]

Même démarche que pour l'exemple 1 puisque cet exercice comporte 10 associations (noms de métiers/professions – numéros d'illustrations).

Exemple 3 : Exercice d'appariement[30]

La notation de cet exercice peut poser problème puisqu'il n'a pas été calibré en fonction de la correction. En effet, il propose 12 associations dont un exemple. Dans ces conditions, s'il l'on note cet exercice sur 10

28. § 8.3.1. Voir p. 167.
29. § 8.3.1. Voir p. 167.
30. § 8.3.2. Voir p. 169.

ou 20, il faut soit supprimer 1 association, soit créditer 2 associations de 0,5 (notation sur 10) ou de 1 (notation sur 20).

Exemple 5 : Repérage[31]

La tâche étant calibrée, la notation ne pose aucune difficulté, il suffit de créditer les 5 paragraphes de 2 points (1 point par question) si l'on note sur 10, de 4 points (2 points par question) si l'on note sur 20.

4.3. L'appréciation en évaluation formative

A contrario de l'évaluation sommative, l'évaluation formative soulève souvent nombre de difficultés, notamment en interaction/production orales où le temps réservé au jugement est limité (à moins que l'activité ait été enregistrée) contrairement à la production écrite où le correcteur peut prendre tout son temps.

Exemple 4 : L'interview[32]

Comment évaluer cette activité d'interaction à partir des 5 items proposés ? Faut-il donner la priorité aux items relevant de la valeur communicative (adéquation question/réponse, prononciation, prosodie, aisance, fluidité) ou aux items relevant de la qualité linguistique (étendue du vocabulaire, grammaticalité des énoncés) ? Faut-il noter – et si oui, comment ? – ou se contenter d'un commentaire justifié ? En cas de notation, la note doit-elle se référer à une prestation idéale qui recevrait la note maximale ou au niveau actuel de l'apprenant qui montre, par sa prestation, qu'il a amélioré ou non sa compétence en interaction orale ? Autant de questions auxquelles il est difficile de répondre et qui dépendent en partie de la relation enseignant-enseigné. En effet :

– l'enseignant peut-être fatigué, de mauvaise humeur ou au contraire en forme, de bonne humeur, enclin à la sévérité ou à la clémence étant donné les rapports qu'il entretient avec l'enseigné, être généreux ou non en matière de notation, etc. ;

– l'enseigné peut être malade, timide, introverti, en proie à des problèmes personnels, allergique au comportement de l'enseignant ou au contraire épanoui, extraverti, à l'aise dans cette activité, etc.[33]

Tous ces facteurs sont de nature à influencer le jugement de l'enseignant qui comprend toujours, bon gré, mal gré, une part de subjectivité. « [...] en toute impartialité, il faut dire que toute évaluation devrait être aussi objective que possible. Les effets des jugements de valeur personnels qui interviennent dans les décisions subjectives sur

31. Voir § 8.3.2. p. 171.
32. Voir § 8.3.2. p. 170.
33. Voir partie 6 : Le management de la classe : comment gérer les comportements ?

la sélection du contenu et la qualité de la performance devraient être réduits au maximum, **particulièrement lorsqu'il s'agit d'évaluation sommative**[34] parce que les résultats des tests sont souvent utilisés par une tierce personne pour prendre des décisions qui engagent l'avenir des candidats évalués. »[35]

S'il est impossible de gommer entièrement la part de subjectivité dans un jugement, on peut cependant la réduire :
– en basant la tâche sur un descripteur précis qu'on fait lire aux apprenants : *lis ce que tu peux faire avec cette tâche* ;
– en expliquant les critères de jugement tant sur la communication que sur la langue : l'adéquation question/réponse, c'est une réponse attendue par rapport à une question donnée, réponse qui montre que la question a été comprise, etc. ;
– en adoptant des procédures normalisées qu'on indique aux élèves : dans les tâches d'activités d'interaction, la valeur communicative sera *toujours* notée sur..., la qualité linguistique sur... *Pour moi, la priorité, c'est...* ;
– en faisant participer si possible les condisciples de l'apprenant testé à la notation et à l'appréciation, par exemple après un jeu de rôles.

Cela dit, quelle grille de notation peut-on proposer pour cette tâche ? Compte tenu du niveau, on ne peut demander aux apprenants d'avoir une prononciation parfaite, un débit aisé et fluide. L'important est de savoir si l'élève comprend les questions et s'il est capable de répondre dans un français correct, d'où la notation proposée qui donne la priorité aux items « adéquation réponse/question » et « grammaticalité des énoncés ».

Exemple 6 : Rédaction guidée[36]

L'auteur a fait le choix de ne pas réécrire le descripteur. Elle a peut-être voulu montrer qu'on peut utiliser les descripteurs du *CECR* sans les modifier. Pour notre part, aux niveaux élémentaires (A1 et A2), si la description du *CECR* est écrite dans une langue difficile ou apparaît comme « floue, vague », il nous semble qu'une autre présentation serait source de motivation. Ainsi, dans cet exemple, on pourrait avoir « tu peux répondre à une lettre. Tu peux donner de tes nouvelles et raconter ce que tu as fait. Tu peux répondre à une demande par lettre d'un(e) ami(e) français(e) ». Rédigé ainsi le descripteur :
– est susceptible d'être compris par l'apprenant ;
– l'éclaire sur la situation et renforce la consigne détaillée qui suit ;
– est rassurant parce qu'il peut supprimer l'angoisse face à la page blanche de la réponse à la lettre ;
– est motivant parce que l'apprenant comprend mieux ce que l'on attend de lui et qu'il peut espérer ainsi faire une bonne prestation.

34. C'est nous qui soulignons.
35. *CECR*, § 9.3.8.
36. Voir § 8.3.2. p. 172.

Quant à la grille d'évaluation proposée, l'auteur donne la priorité au respect des 6 consignes et au lexique. Pourquoi pas ? Le choix des items est toujours entaché de subjectivité. De notre côté, nous aurions peut-être privilégié l'intelligibilité du message et sa cohérence (énonciation et articulation du texte) et minimisé l'évaluation de l'orthographe.

5. Vers une évaluation positive

« L'évaluation pour être efficace doit s'intégrer aux apprentissages. Trop souvent, elle mesure un niveau de connaissance ou de compétence plutôt que d'accompagner l'enfant dans ses apprentissages. Trop souvent elle sanctionne, et sous une illusion égalitaire, elle renforce les discriminations entre les “bons” et “les moins bons”. Or l'objectif premier de l'enseignant est d'amener ses élèves à un certain niveau de compétence et non d'opérer une sélection et une orientation trop précoce. Ainsi, faire de l'évaluation un outil uniquement destiné à la sélection ou à la mesure, c'est dés le plus jeune âge stigmatiser négativement l'erreur, la “faute” chez l'enfant. » – « Évaluer, c'est donner de la valeur. Ce n'est pas organiser des naufrages pour voir ceux qui savent nager. »[37]

En conséquence, évaluer positivement, c'est pour l'enseignant :
– ne pas stigmatiser, s'interdire les jugements et les formules-chocs du type : *Élève bien en-dessous de la moyenne, le sujet n'a pas été compris, résultats décevants, peut mieux faire* ;
– ne rien cacher à l'apprenant. On peut le sensibiliser à ses erreurs sans le stigmatiser ;
– argumenter pour signaler ce qui est bien et ce qui pourrait être amélioré en termes positifs : *l'orthographe est meilleure, bravo, continue dans cette voie* ;
– éviter que le niveau général de la classe prenne le pas sur les qualités de l'élève en particulier. On juge les progrès de l'élève par rapport à lui-même et non par rapport à la moyenne de la classe ou à un élève idéal qui aurait des résultats parfaits ;
– privilégier l'évaluation formative et en faire un véritable outil d'apprentissage.

Accepter d'être évalué positivement, c'est, pour l'apprenant, comprendre :
– qu'on ne travaille pas uniquement pour une note ;
– que les erreurs ne sont jamais rédhibitoires ;
– que l'essentiel est d'acquérir des compétences ;
– que l'acquisition de ces compétences dépend moins de la quantité des savoirs que de la qualité des savoir-faire langagiers et communicatifs.

37. J.-P. Solanet-Moulin, *L'évaluation positive, op. cit.*

CONCLUSION

Dans le présent ouvrage, nombre de pistes pour *faire la classe en FLE* ont été explorées et essaient de répondre à trois questions clés permettant de cerner les contours d'un enseignement actionnel[1] :

– Est-ce que je prends bien en compte *l'action* dans sa totalité, c'est-à-dire est-ce que j'articule étroitement les actions langagières (de réception, de production, d'interaction, de médiation) et les activités autres que langagières (cuisiner, réaliser une affiche, créer les décors et les costumes d'une pièce de théâtre, etc.) ?

– Est-ce que je considère la classe comme une société authentique (avec ses formes communicatives propres) où place est faite aux acteurs de l'échange ? Est-ce que je mets en place les contrats de classe correspondant ?

– Est-ce que j'accorde la priorité aux projets de différents niveaux (projet d'apprentissage, projet d'enseignement et projets pédagogiques) ?

Bien entendu, il n'est pas envisageable, pour un enseignant, de passer l'ensemble de ses cours au filtre de ces questions clés. Nous espérons cependant qu'elles lui serviront de repères, de balises, sur la voie de la réflexivité qu'il ne manquera pas d'emprunter, parce que soucieux de conférer à son enseignement et à la gestion de sa classe une dimension actionnelle.

1. Rosen É. & Reinhardt C., *Le point sur le cadre européen commun de référence pour les langues*, Paris, Clé international, 2e édition, 2010, pp.18-35.

Postface

Pour paradoxal que cela puisse paraître, et en dépit du développement considérable des deux dernières décennies au moins, avec des travaux consacrés à la didactique des langues ou aux recherches portant sur l'acquisition des langues, la classe comme lieu spécifique d'intervention et comme univers d'élaboration d'une expérience langagière nouvelle, n'a pas fait l'objet d'études spécifiques approfondies. Point d'aboutissement de formations théoriques, généralisantes, consacrées aux disciplines de référence, linguistique, didactique par exemple ; la classe comme espace d'action régi par ses usages propres, ses techniques d'intervention particulières, ses « trucs » et ses recettes, a été laissée à l'initiative des formateurs, quand il y en a, à ceux qui de façon plus générale, sont au contact direct des stagiaires ou aux auteurs de méthodes qui, dans les guides pédagogiques, proposent les démarches d'apprentissage qui leur paraissent les plus appropriées. Situation qui voit ainsi coexister des dispositifs de transposition des savoirs savants et ceux liés à la transmission d'un travail selon les principes même de l'apprentissage. Complexité des approches et difficulté de perception par l'enseignant de ce qu'il convient d'entreprendre au contact des élèves.

Espace d'action de l'enseignant, la classe est en effet placée à l'intersection de champs d'influences ou de jeux de contraintes variés, espace à l'intérieur duquel il appartient au professeur de procéder, le plus souvent dans l'urgence, aux arbitrages nécessaires. En même temps, si diverses que soient les pratiques ainsi en usage, dans la diversité des cultures éducatives des élèves et des cultures professionnelles des enseignants, existent bien ce que l'on pourrait appeler un certain nombre d'invariants dans l'action de formation qui définissent quelque part ce que peut être le métier d'enseignant de langue.

Peut-on dans ces conditions retrouver, derrière la diversité des usages, ces constantes organisatrices du travail qui pourront éclairer les enseignants sur les choix qu'ils auront à entreprendre ? L'équipe des trois auteurs de l'ouvrage, Évelyne Rosen, Jean-Pierre Robert, Claus Reinhardt, n'a cependant pas hésité à relever le défi, à aller jusqu'au bout d'une entreprise ambitieuse, par le souci de passer en revue l'essentiel des variables d'intervention qui organisent la classe comme famille d'événements d'apprentissage, complexe aussi car placée dans l'éclairage des apports du *CECR*.

Le *CECR* n'est pas en effet qu'un simple outil de définition des niveaux de compétence que l'on peut croiser avec des domaines d'usage. Ne serait-il que cela d'ailleurs, que ce serait déjà beaucoup, mais il est plus encore, il propose de nouvelles perspectives en matière d'apprentissage, ce qui a été appelé la perspective actionnelle, organisée autour de la réalisation de tâches. Or ce type d'approche, s'il a soulevé de l'intérêt chez les enseignants, n'a pas manqué, parfois, de susciter quelques interrogations, voire quelques inquiétudes. Approche qui va de pair avec un traitement des apprentissages par compétences, notion qui occupe aujourd'hui le devant de la scène pédagogique et curriculaire. Issue d'autres lieux de la formation, notamment de la formation professionnelle des adultes, la notion de compétence s'acquiert en acte par le moyen de la réalisation de tâche. S'agit-il d'un autre moment, radicalement innovant, dans l'histoire déjà bien encombrée des méthodologies, ou de la mise en éclairage d'outillages et de démarches présents à l'état latent dans les périodes antérieures ? Les travaux des didacticiens, par la suite, nous le feront plus nettement savoir. Mais dans l'immédiat, il s'agit bien, pour les auteurs de l'ouvrage, de conjuguer un traitement des apprentissages dans une perspective plus générale qui n'écarte chez les enseignants aucune sensibilité pédagogique particulière avec un ensemble de propositions montrant comment les concepts de tâche et d'action peuvent apporter au travail de formation au quotidien dans la classe des appuis précieux, dans le respect de la diversité des contextes éducatifs.

S'agit-il de proposer ici une nouvelle méthodologie qui ferait suite aux approches communicatives, lesquelles succéderaient aux approches de type SGAV ? On se gardera d'une vision aussi réductrice des méthodologies qui se voudraient à chaque fois en rupture complète avec les approches précédentes. Il s'agit de proposer un éclairage différent, d'en faire valoir la pertinence en matière d'efficacité dans l'apprentissage, sans pour autant délégitimer les autres approches, ni non plus, faut-il le préciser, sans verser dans un éclectisme inconsistant qui mettrait sur le même plan toutes sortes de démarches, situées dans la classe dans une pure logique de successivité et de recherche de la variété, au simple motif qu'il ne faut pas ennuyer les élèves. On sera sensible au contraire à cette approche ouverte et cohérente de l'apprentissage qui ne se limite pas à établir un répertoire empiriquement élaboré de ce que l'on appelle aujourd'hui les geste professionnels, effectuables dans un espace pédagogique donné. La recherche d'une vision d'ensemble qui donne cohérence à cette série détaillée de propositions était au cœur de ce projet d'ouvrage. Considérons que l'entreprise est réussie et qu'à ce titre elle rencontrera auprès des publics de formateurs, de professeurs, l'écho qu'elle mérite.

Gérard Vigner

Bibliographie[1]

- ADAM J.-M., *Les textes types et prototypes. Récit, description, argumentation, explication et dialogue*, 2e édition, collection « Fac-Linguistique », Armand Colin, 2005.
- ALI BOUACHA M., *La pédagogie du FLE*, Paris, Hachette, 1978.
- AUGER N., *Constructions de l'interculturel dans les manuels de langue*, Cortil-Wodon : EME & InterCommunications, 2007.
- BEACCO J.-C. *et al.*, *Niveau A1 pour le français. Un référentiel*, Paris, Didier, 2007.
- BELLASSEN J., *Méthode d'Initiation à la Langue et à l'Écriture chinoises*, Paris, La Compagnie, 1989.
- BERARD É., *L'approche communicative. Théorie et pratiques*, Paris, Clé International, 1991.
- BESSE H., *Méthodes et pratiques des manuels de langue*, Paris, Didier, 1985.
- BLANCHET P., MOORE D. & ASSELAH-RAHAL S. (dir.), *Perspectives pour une didactique des langues contextualisée*, Paris, Éditions des archives contemporaines, 2009.
- BOURGUIGNON Cl., *Pour enseigner les langues avec le CECRL, Clés et conseils*, Paris, Delagrave, 2010.
- BOURGUIGNON Cl., *Pour préparer au Diplôme de compétence en langue, Clés et conseils*, Paris, Delagrave, 2011.
- BRU M. & NOT L., *Où va la pédagogie du projet ?* Toulouse, Éditions universitaires du sud, 1987.

1. La présente bibliographie ne recense que les ouvrages et articles cités ; les manuels de langue et les sites sont mentionnés dans le texte même.

- BUSCAGLIA C & SANCHEZ L., *Réussir sa classe tous les jours... ou presque !*, Toulouse, Cépaduès-Éditions (3e édition), 2006.
- CALVET L.-J., *L'argot en 20 leçons*, Paris, Payot, 1993.
- CHOLLET I. & ROBERT J.-M., *Précis. Les expressions idiomatiques*, Paris, Clé International, 2008.
- CONSEIL DE L'EUROPE, *Cadre européen commun de référence pour les langues. Apprendre, enseigner, évaluer*, Paris, Didier, 2001.
- CORMANSKI A. & ROBERT J.-P. (dir.), « L'humour en classe de langue », *Le Français dans le monde, Recherches et applications*, 2002.
- CUQ J.-P. (dir.), *Dictionnaire de didactique du français langue étrangère et seconde*, Paris, Clé International, 2003.
- DEBYSER F., « La mort du manuel et le déclin de l'illusion méthodologique », *Le Français dans le monde*, n°100, 1973.
- DESMONS *et al.*, *Enseigner le FLE. Pratiques de classe*, Paris, Belin, 2005.
- GALISSON R., *D'hier à aujourd'hui la didactique générale des langues étrangères : du structuralisme au fonctionnalisme*, Paris, Clé International, 1980.
- GERMAIN C., *Évolution de l'enseignement des langues : 5 000 ans d'histoire*, Paris, Clé International, 1993.
- GOULLIER F., *Les outils du Conseil de l'Europe en classe de langue. Cadre européen commun et Portfolios*, Paris, Didier, 2005.
- HERVIEU-WANE F., *Guide du jeune enseignant*, Éditions Sciences Humaines, Auxerre, 2009.
- LAURET B., *Enseigner la* prononciation *: questions et outils*, Paris, Hachette, coll. « F », 2007.
- LEGENDRE R. (dir.), *Dictionnaire actuel de l'éducation*, Montréal, Guérin ; Paris, Eska, 1993.
- LOUIS V. & DUMORTIER J.-L. (dir.), « Les tâches-problèmes en didactique des langues », *Le langage et l'homme*, n° XXXXI, 2006.
- MEIRIEU P., *L'école, mode d'emploi. Des « méthodes actives » à la pédagogie différenciée*, Paris, ESF, 1990.
- MERGER M.-F., « Candido Ghiotti : une figure emblématique du professeur de français (Italie, fin XIXe siècle) », *Documents pour l'histoire du français langue étrangère ou seconde*, n° 35, Lyon, SIHFLES, 2005.
- MERMET G., *Francoscopie 2010*, Paris, Larousse, 2010.
- MOIRAND S., *Enseigner à communiquer en langue étrangère*, Paris, Hachette, collection « F », *Recherches et applications*, 1982.
- NOEL-JOTHY & SAMPSONIS B., *Certifications et outils d'évaluation en FLE*, Paris, Hachette, 2006.
- NUNAN D., *Task-Based Language Teaching*, Cambridge, Cambridge University Press, 2004.

• PERRENOUD P., *Développer la pratique réflexive*, ESF éditeur, Issy-les-Moulineaux, 2006.
• PORCHER L., *Manières de classe*, Paris, Didier/Alliance française, Collection « Fenêtres sur cours », 1987.
• PORCHER L., *L'enseignement des langues étrangères*, Paris, Hachette Éducation, 2004.
• PORQUIER R., « Trajectoires d'apprentissage(s) des langues : diversité et multiplicité des parcours », *ÉLA*, n° 98, 1995.
• PRESZMYCKI H., *La pédagogie de contrat*, Paris, Hachette Éducation, 2003.
• PUREN C., *La didactique des langues étrangères à la croisée des méthodes. Essai sur l'éclectisme*, Paris, Didier, 1994.
• PUREN C., « De l'approche communicative à la perspective actionnelle », *Le Français dans le monde*, n° 347, Paris, Clé International, 2006.
• PUREN C., « Variations sur la perspective de l'agir social en didactique des langues-cultures étrangères », *Le Français dans le monde, Recherches et applications*, n° 45, Paris, Clé International, 2009.
• PUREN C., BERTOCCHINI P. & COSTANZO E., *Se former en didactique des langues*, Paris, Ellipses, 1998.
• PY B., « L'apprenant et son territoire : système, norme et tâche », *AILE*, n° 2, 1993.
• REINHARDT C., « Pour une application pratique des trois compétences du CECR en classe », dans ROSEN É. (dir.), 2009.
• RICHER J.-J., « Le Cadre européen, ou l'émergence d'un nouveau paradigme didactique », *Le Français dans le monde*, n° 359, Paris, Clé International, 2008.
• ROBERT J.-P., *Dictionnaire* pratique *de didactique du FLE*, coll. « L'Essentiel français », Paris, Ophrys, 2008 (2e édition).
• ROBERT J.-P. & ROSEN É., *Dictionnaire* pratique *du CECR*, Paris, Ophrys, 2010.
• ROSEN É., « Bien joué ! » – Compte rendu, C. Gislon, M. G. Selle, M.-C. Jamet & A. Gruneberg, Méthode de français, Hachette FLE, *L'Information grammaticale*, n° 89, 2001.
• ROSEN É., *Apprendre une langue en communiquant... Interlangue et communication exolingue/endolingue en contexte*, Lille, Atelier National de Reproduction des thèses, 2005.
• ROSEN É., *Le point sur le cadre européen commun de référence pour les langues*, Paris, Clé international, 2006.
• ROSEN É. (dir.), « La perspective actionnelle et l'approche par les tâches en classe de langue », *Le Français dans le monde, Recherches et applications*, n° 45, Paris, Clé International, 2009.
• ROSEN É. & REINHARDT C., *Le point sur le cadre européen commun de référence pour les langues*, Paris, Clé international, 2e édition, 2010.

- ROSEN É. & SCHALLER P., « Pour une nécessaire contextualisation du CECR en milieu homoglotte », dans BLANCHET P., MOORE D. & ASSELAH-RAHAL S. (dir.), 2009.
- SALINS G.-D. de, « Méthodologie, éclectisme... », *Le Français dans le monde*, n°280, Paris, Clé International, 1996.
- SILVA H., *Le jeu en classe de langue*, Paris, Clé International, 2008.
- SPRINGER C., « La dimension sociale dans le *CECR* : pistes pour scénariser, évaluer et valoriser l'apprentissage collaboratif », dans Rosen É., pp. 25-35, 2009.
- TAGLIANTE C., *L'évaluation et le cadre européen commun*, Paris, Clé International, 2005.
- VIGNER G., *La grammaire en FLE*, Paris, Hachette, 2004.

INDEX

La référence principale est en gras.

Imprimé en Espagne par UNIGRAF
Dépôt légal : 07/2011 - Édition 01
15/5739/6